Gemma Pörzgen GASPROM

Dieter

Gemma Pörzgen, geboren 1962, ist in Moskau aufgewachsen und studierte in München Politikwissenschaft, Slawistik und Osteuropäische Geschichte. Als Journalistin bereiste sie regelmäßig die frühere Sowjetunion und das neue Russland. Nach Jahren der Korrespondententätigkeit in Südosteuropa und im Nahen Osten arbeitet sie heute als freie Autorin in Berlin und widmet sich wieder verstärkt russischen Themen.

Gemma Pörzgen

GASPROM

Die Macht aus der Pipeline

Europäische Verlagsanstalt

Bibliografische Information der Deutschen Nationalbibliothek

Die Deutsche Nationalbibliothek verzeichnet diese Publikation in der Deutschen Nationalbibliografie; detaillierte bibliografische Daten sind im Internet über http://dnb.d-nb.de abrufbar.

Einbandgestaltung: Ronald Fromme, Hamburg
Coverfoto: Hans-Jürgen Burkard
Satz: Johanna Boy
Druck und Bindung: Fuldaer Verlagsanstalt, Fulda

Printed in Germany
ISBN 978-3-434-46814-1

Informationen zu unserem Verlagsprogramm finden Sie im Internet unter www.europaeische-verlagsanstalt.de

INHALT

KAPITEL 1

DIE RUSSEN KOMMEN – ANGST VOR GASPROM

Gasprom ist ein Gigant der Superlative. Der blaue Riese mit 400.000 Beschäftigten ist das größte Gasunternehmen der Erde. Dem russischen Konzern gehören die größten Gasvorkommen weltweit und er kontrolliert ein Pipelinenetz von mehr als 150.000 Kilometern Länge. Er fördert rund 85 Prozent des russischen Erdgases, der Rest entfällt auf kleinere Gas- und Ölfirmen. Die größte Aktiengesellschaft Russlands befindet sich zu 51 Prozent unter staatlicher Kontrolle. Gasprom bestreitet etwa ein Viertel des Staatshaushaltes und ist damit sozusagen die Kasse des Kreml.

Im Jahr 2006 fuhr das Unternehmen mit der Verdoppelung seines Gewinns das beste Ergebnis seiner Firmengeschichte ein. Mit einem Börsenwert von rund 237 Milliarden US-Dollar im Sommer 2007 verzeichnete Gasprom einen neuen Rekord und gilt als einer der größten Konzerne der Welt.

„Die Welt weiß viel über Exxon Mobil, General Electric, Toyota, Microsoft, die anderen Big Shots unter den Großunternehmen der Welt; sie weiß zu wenig über Gasprom“, schrieb das Magazin *Der Spiegel* im Frühjahr 2007 treffend über den großen Unbekannten aus dem Osten.

Die rund tausend Tochterunternehmen, darunter Banken, Ölfirmen und landwirtschaftliche Unternehmen sowie einstmals kritische Fernsehsender und Zeitungen, bilden ein undurchsichtiges Firmenimperium, mit einem Geschäftsgebaren, das sehr viele Fragen aufwirft. Die britische Zeitung *Sunday Times* nannte Gasprom deshalb die „gruseligste Firma der Welt“.

Die komplizierten Firmenstrukturen stehen unter ständigem Korruptionsverdacht. So warnt der deutsche Mafia-Experte Jürgen Roth seit Jahren vor den engen Verbindungen zwischen Gasprom und dem organisierten Verbrechen.

Aus Sicht vieler Vertreter der deutschen Wirtschaft, die das Unternehmen gut kennen und oft schon seit Jahren mit ihm zusammenarbeiten, ist das öffentliche Bild des Konzerns dagegen seltsam verzerrt. Schließlich habe sich Russland mehr als 30 Jahre lang als verlässlicher Energielieferant für Europa erwiesen, so ihr Argument – und das selbst in den schwierigen Zeiten des Kalten Krieges und während der dramatischen russischen Wirtschaftskrise nach dem Untergang der Sowjetunion.

„Russland wird derzeit nur als Energiegroßmacht wahrgenommen“, sagt Reinier Zwitserloot, Vorstandsvorsitzender der BASF-Tochter Wintershall, dessen Unternehmen seit Jahren eng mit Gasprom zusammenarbeitet. „Unkenntnis, Unsicherheit und Versorgungsangst spielen dabei eine Rolle“, sagt er. Auf die Frage nach der Gefahr zu großer Abhängigkeit entgegnen deutsche Manager, diese Abhängigkeit sei doch gegenseitig. „Wir brauchen das Gas und Russland den Absatzmarkt“, meint Zwitserloot. Auch der Gasprom-Aufsichtsratsvorsitzende und stellvertretende russische Ministerpräsident, Dmitri Medwedew, hat dies wiederholt deutlich gemacht: „Wir sind genauso abhängig von den Exporterlösen, die zwei Drittel unserer Einkünfte ausmachen, wie umgekehrt die Kunden von unseren Lieferungen.“

Per Schiff kann Erdgas als Flüssiggas in alle Welt geliefert werden. Noch steckt diese Entwicklung in den Anfängen, sie könnte aber in Zukunft den Gasmarkt revolutionieren. (Foto: Hans-Jürgen Burkard)

Exkurs: Der Gasmarkt

Erdgas gilt heute als Energieträger der Zukunft. Es ist umweltfreundlicher als Öl und Kohle, kann zu Kraftstoff verflüssigt werden und vor allem – es gibt davon reichlich. Allein mit den bislang gesicherten Vorkommen kann die Welt in den kommenden 70 Jahren versorgt werden; die Gesamtressourcen reichen wohl 140 Jahre lang.

Schon heute ist Erdgas eine der wichtigsten Energiequellen und angesichts der knappen Rohstoffreserven wächst der weltweite Bedarf weiter. Schon 2005 lag der weltweite Verbrauch bei 2,7 Billionen Kubikmeter, womit Erdgas knapp ein Viertel des Primärenergieverbrauchs abdeckte. Bis zum Jahr 2030 dürfte die weltweite Nachfrage nach Einschätzung von Experten noch um zwei Drittel zulegen. Die Europäische Union wird in 25 Jahren rund 70 Prozent ihrer Energie importieren müssen, vor allem Erdgas. Deutschland deckt schon heute rund 23 Prozent seines Energiebedarfs mit Gas.

Erdgas hat eine Reihe von Vorteilen. Es verbrennt schadstoffarm und hat einen geringeren CO_2-Gehalt pro Energieeinheit als Kohle und Öl. Viele Umweltpolitiker akzeptieren Erdgas als Übergangslösung vor der geforderten Umstellung der Wirtschaft auf die Nutzung von erneuerbaren Energieträgern.

Anders als Öl wird Gas bislang überwiegend über Pipelines transportiert. Der Gasmarkt in Kontinentaleuropa ist deshalb von langfristigen Lieferverträgen geprägt, die normalerweise über 25 Jahre laufen. Da es mit Zunahme der Streckenlänge immer schwieriger wird, den Gasdruck in den Leitungen aufrechtzuerhalten, liegt die maximale Reichweite von Pipelines bei rund 4000 Kilometern. So erklärt sich auch, warum Gasmärkte stark regionalisiert sind und der Anteil von frei gehandeltem Gas weltweit gering ist.

Hersteller und Abnehmer vereinbaren die Liefermenge und den Preis für das Gas individuell, wobei der Gaspreis in den meisten langfristigen Lieferverträgen größtenteils an den Ölpreis gekoppelt ist und sich in der Regel mit einer gewissen Zeitverzögerung entsprechend der Preisentwicklung dieser Produkte ganz nach dem Verlauf der Terminbörsen verändert.

Der Transport von Erdgas als Flüssiggas (LNG), das per Schiff geliefert wird, könnte den europäischen Gasmarkt in den nächsten Jahrzehnten revolutionieren. Bislang ist dies aber noch Zukunftsmusik. Verglichen mit dem über Pipelines transportierten Gas spielt Flüssiggas bislang noch eine untergeordnete Rolle. Aber in Nordwesteuropa ist eine Reihe neuer Anlagen im Bau oder gerade in Betrieb gegangen.

Erdgas kann unter Druck und niedrigen Temperaturen verflüssigt werden. Der Vorteil ist, dass dadurch das Volumen des Erdgases reduziert wird. Es kann deshalb, wie Öl, mit Tankern auch über größere Entfernungen transportiert werden, sodass künftig ein Weltmarkt für Gas die bisherige Regionalisierung des Marktes ablösen könnte. In den Zielmärkten wird das Gas wieder zurückverwandelt und in die Leitungsnetze eingespeist.

Die größte Anlage zur Verflüssigung von Erdgas wird momentan für den ostasiatischen Markt auf der russischen Pazifikinsel Sachalin errichtet. Ende 2005 hat Gasprom mit dem Transport von LNG, wenn auch noch nicht von den eigenen Feldern, begonnen und baut diese Zukunftstechnologie seither immer stärker aus. Norwegen errichtet derzeit auf einer künstlichen Insel vor dem Hafen von Hammerfest für zehn

Milliarden Dollar die zweitgrößte Erdgasverflüssigungsanlage der Welt. Nigeria und Algerien setzen schon lange auf Flüssiggasexporte nach Europa. An den Küsten Nordamerikas und Ostasiens werden derzeit überall Flüssiggas-Terminals gebaut, und die Werften verzeichnen einen Auftragsboom für neue Tankschiffe.

In Deutschland fehlt bislang eine Anlage, mit der LNG wieder in flüchtiges Gas umgewandelt werden kann. Der EON-Ruhrgas-Konzern plant zwar seit 20 Jahren eine solche Anlage im deutschen Tiefseehafen Wilhelmshaven, aber bislang wurde das Projekt nicht umgesetzt. Kritiker werfen dem Konzern vor, EON-Ruhrgas wolle sein Pipeline-Monopol nicht gefährden.

In den vergangenen Jahren stiegen aber die LNG-Bezugsmengen der europäischen Länder um knapp 100 Prozent von rund 21 Milliarden auf rund 40 Milliarden Kubikmeter. Die wesentlichen Abnehmer sind Spanien, Frankreich, Belgien, Italien und die Türkei. Das LNG kommt derzeit vor allem aus Algerien, Nigeria und Katar, Ägypten sowie Trinidad & Tobago.

Manche Prognosen gehen davon aus, dass die Vereisung der nördlichen Meere durch die globale Erwärmung abnehmen und dies die Schifffahrt erleichtern könnte. Sollte diese Klimaveränderung eintreten, könnte der nördliche Seeweg vom Atlantik in den Pazifik in Zukunft einige Monate im Jahr oder sogar ganzjährig eisfrei sein oder mit Hilfe von Eisbrechern befahrbar gemacht werden. Dadurch könnten LNG-Transporte von den nördlichen Küsten Russlands nach Westen oder Osten mit Tankern bewältigt werden. Dann wären nur noch kurze Pipelines zu den nördlichen Häfen Sibiriens nötig, statt der bis zu 5000 Kilometer langen Leitungssysteme, die heute von Westsibirien nach Europa führen.

Flüssigerdgas könnte in Zukunft nach Einschätzung von Energieexperten zum „Öl des 21. Jahrhunderts" werden.

Prominenteste Stimme im Chor der Gasprom-Freunde in Deutschland ist der frühere Bundeskanzler Gerhard Schröder (SPD), der sich auch nicht scheute, nach der verlorenen Bundestagswahl im Herbst 2005 als Vorsitzender des Aktionärsausschusses der Pipeline-Tochter Nordstream in die Dienste des russischen Konzerns zu treten. Der Skandal um seinen umstrittenen neuen Job machte den blauen Riesen in Deutschland mit einem Mal bekannt. Bis heute beschränken sich die Kenntnisse über den Konzern in der breiten Bevölkerung aber meist darauf, „Gasprom und Schröder" in einem Atemzug zu nennen.

Zum schlechten Image von Gasprom hat vor allem der „Gaskonflikt" mit der Ukraine zum Jahreswechsel 2006 beigetragen. Europa stand damals unter Schock, als russische Unternehmensbosse der Ukraine am Neujahrstag kurzfristig das Gas abdrehten und mit einem Mal auch die europäische Versorgung gefährdet schien. In einigen ost- und mitteleuropäischen Ländern waren vorübergehend Lieferschwankungen registriert worden. Plötzlich wurde jedem Bundesbürger bewusst, dass sein warmes Wohnzimmer in Deutschland vom guten Willen im Kreml abhängen könnte.

Politik und Medien gerieten in helle Aufregung. „Machtpoker ums Gas", „Gas als Druckmittel", „Gas als politische Waffe", so lauteten plötzlich die neuen Schlagworte. Zwar einigten sich beide Länder wenige Tage später auf einen Kompromiss über die strittigen Preise für die Gaslieferungen, doch Russlands Image als verlässlicher Partner hatte großen Schaden genommen. Auch beim Energiestreit zwischen Weißrussland und Russland ein Jahr später galt schnell Moskau als die schuldige Partei.

Während im Fall der Ukraine nach der „Orangenen Revolution" noch einiges dafür sprach, hinter dem plötzlichen Lieferstopp auch politisches Kalkül des Kreml gegen die abtrünnigen Ukrainer zu vermuten, erschien dies im Konflikt mit Weißrussland als völlig absurd. Schließlich hatten vor allem die niedrigen Energiepreise „dem letzten Diktator" in Europa und langjährigen Putin-Verbündeten, Alexander Lukaschenko, jahrelang geholfen, sein autoritäres Regime zu stabilisieren.

Energieexperten hatten schon lange erwartet, dass die Neuverhandlung der auslaufenden Lieferverträge zwischen Russland und den früheren Satellitenstaaten, die auch wichtige Transitländer sind, kompliziert werden würde. In beiden Fällen mussten Probleme gelöst werden, die noch aus sowjetischer Zeit stammten. Früher hatte es politische Freundschaftspreise gegeben, und zwischen Export und Transit war nicht unterschieden worden, weil man einem Wirtschaftsblock angehörte. Die Ukraine und Weißrussland bezogen noch jahrelang Energie zu extrem günstigen Bedingungen, die in Zukunft dem Niveau der Weltmarktpreise angeglichen werden müssen. Auch Russland steht dieser sozialpolitisch schwierige Schritt im Inland noch bevor, spätestens, wenn es der Welthandelsorganisation (WTO) beitreten sollte. Auch Energieexperten fordern eine solche längst überfällige

Preisanpassung, um Energiesparen auch in diesen Ländern attraktiver zu machen. Angesichts der knappen Ressourcen weltweit ist der Preis der einzige Hebel, um der sehr verbreiteten Energieverschwendung Einhalt zu gebieten.

Die Aufregung jener Tage ist längst einer nüchterneren Betrachtung der Fakten gewichen.

„Niemand hat mehr für die Einsicht in die Notwendigkeit einer gemeinsamen europäischen Energiepolitik getan als Herr Putin", urteilt im Nachhinein Frank Umbach, Energieexperte der Deutschen Gesellschaft für Auswärtige Politik in Berlin. Der EU sei durch den Gasstreit erstmals bewusst geworden, dass sie eine gemeinsame Energieaußenpolitik benötigt. Ohne die aggressive Energiepolitik des Kreml gäbe es in Europa außerhalb von Fachzirkeln vermutlich bis heute keine ernsthafte Diskussion über Versorgungssicherheit und die Diversifizierung der europäischen Energieversorgung, schrieb die *Frankfurter Allgemeine Zeitung* im Rückblick.

„Einige Leute profitieren davon, Russland als Monster darzustellen, um von ihren eigenen Problemen abzulenken. Das ist ein traditioneller Trick von Politikern", hatte der russische Minister für Industrie und Energie, Wiktor Christenko, der Kritik an seinem Land schon damals sarkastisch entgegengehalten.

Auch die Energieexpertin Claudia Kemfert vom Deutschen Institut für Wirtschaftsforschung (DIW) erinnert sich, dass erst der „Gasstreit" mit der Ukraine deutschen Bundespolitikern und der Brüsseler Beamtenriege die Dringlichkeit der von Fachleuten schon seit vielen Jahren angemahnten energiepolitischen Fragen vor Augen geführt habe. Seither ist das Thema Energiepolitik in aller Munde.

Gasprom macht das schlechte Image nach diesem vermutlich größten PR-Gau der Firmengeschichte weiter zu schaffen. Als der Konzern versuchte, sich in das britische Energieunternehmen Centrica einzukaufen, schlug den Russen ein Aufschrei der Empörung entgegen. Auch in Deutschland sind schon Spekulationen über einen möglichen Einstieg der Kreml-Firma in deutsche Energieunternehmen von großer Aufregung begleitet. Selbst in Brüssel wird neuerdings überlegt, den europäischen Energiesektor per Gesetz vor nicht-europäischen Investoren zu schützen.

Dabei spiegelt die Angst vor Gasprom vor allem das neu erwachte Misstrauen gegenüber dem scheinbar unberechenbaren Russland wider. Alte Vorurteile, Stereotypen und Feindbilder des Kalten Krieges sind in Deutschland wieder in Mode und begleiten die berechtigte Sorge und Kritik am autoritären Führungsstil Präsident Putins wie eine irritierende Melodie. Nach Jahren der übertriebenen Gorbatschow-Euphorie und einer sehr undifferenzierten Sicht Boris Jelzins folgt nun eine neue Phase, in der ausgerechnet der Deutschland gewogene Wladimir Putin zum Feindbild wird. Nach dem blauäugigen Schmusekurs der Schröder-Regierung steht zwar die Große Koalition unter Bundeskanzlerin Angela Merkel für eine realistischere Einschätzung der russischen Interessenpolitik, sie bekennt sich aber dennoch zur Notwendigkeit enger Zusammenarbeit. In Teilen der Medien und in der Bevölkerung wird dagegen die berechtigte Kritik an der Unterdrückung von Oppositionellen, der Gleichschaltung der Medien und dem Zurückdrängen demokratischer Beteiligung in Russland gerne von einer unangemessenen Überheblichkeit begleitet, die eigene Defizite schönredet oder schlichtweg übersieht. Dabei stellt sich, was Gasprom angeht, die Frage, warum das Engagement eines großen russischen Unternehmens in Deutschland so viel mehr Ängste auslöst als ein Einstieg US-amerikanischer oder chinesischer Konzerne.

Auch in Moskau wurde dies mittlerweile erkannt. „Die Medien sehen durch die Brille der Politik auf Gasprom und deshalb kommt es zu vielen Missverständnissen", sagt ein Unternehmenssprecher in Moskau. Wirtschaftsleute verstünden das Unternehmen besser, nähmen als Fachleute Nachrichten anders auf und schauten auf die Zahlen in den Bilanzen. „Es ist für Medien leicht, eine negative Gasprom-Geschichte zu verkaufen", ist die Erfahrung des Gasprom-Mannes. In Europa gehe es darum, langfristig um mehr Vertrauen für sein Unternehmen zu werben. Schließlich seien viele Menschen noch während des Kalten Krieges aufgewachsen und von der Ost-West-Konfrontation geprägt. „Sie haben immer noch davor Angst, was der große Bär in Russland macht."

Andreas Böldt, Sprecher der deutschen Tochtergesellschaft „Gazprom Germania", spricht von „Klischeevorstellungen", räumt aber ein, dass das Bild der Firma durchaus verbesserungswürdig sei. Es gebe in Moskau leider wenig Sensibilität dafür, wie Ereignisse im fernen Europa wahrgenommen würden, bedauert er. Dies stärker zu vermitteln, sieht die in Berlin ansässige „Gazprom Germania" deshalb auch als ihre Aufgabe an. Eine Umfrage, bei der nach Gasproms Image in Deutschland gefragt wurde, verschwand offenbar wegen der katastrophalen Ergebnisse in der Schublade.

Um ihren Ruf im Westen besorgt, hat die Moskauer Zentrale die PR-Firma PBN Company des US-Amerikaners Peter Necarsulmer mit einer groß angelegten Werbekampagne beauftragt. Der Mann aus Kalifornien arbeitet seit 1990 in Moskau und rühmt sich auf seiner Website, dafür gesorgt zu haben, dass das Wort „Public Relations" (PR) Eingang in russische Lexika fand. Angesichts der verbreiteten Geheimniskrämerei rund um den Konzern dürfte es jedoch eine schwierige Herausforderung bleiben, die Stimmung zugunsten von Gasprom zu drehen. Dazu passt, dass Journalisten auf Anfrage bei PBN lediglich erfahren, dass es zur Gasprom-Werbekampagne keine Auskünfte gebe. Sehr viel sichtbarer ist hingegen, dass sich deutsche Fußballfans seit dem Sponsorenvertrag mit dem FC Schalke 04 nach kurzer Zeit an die blaue Gasprom-Flamme gewöhnt zu haben scheinen.

Schuften bei sibirischer Kälte ist für die Gasowiki der harte Alltag. Bevor das sibirische Gas durch die Pipelines nach Europa strömt, wird es an der Förderstelle gereinigt, getrocknet und verdichtet. (Foto: Hans-Jürgen Burkard)

Exkurs:
Gasprom-City in Westsibirien

„Sa was, sa nas, sa gas“ – „Auf euch, auf uns, aufs Gas“, so lautet der traditionelle Trinkspruch der „Gasowiki“. Ähnlich wie die Kumpel im Ruhrpott sind die Gasarbeiter in Westsibirien eine Klasse für sich. Stolz und großer Zusammenhalt zeichnen die Gasowiki aus. Schließlich fordert der Knochenjob in den entlegensten Regionen Russlands bei Temperaturen von minus 50 Grad Celsius im Winter den Gasprom-Arbeitern einiges ab. Aber auch im kurzen Sommer ist das Leben nicht leichter, wenn die Sonne so heiß herniederbrennt, dass sich die Tundra in eine weitläufige Seen- und Moorlandschaft verwandelt und die Stechmücken plagen.

Die Zentren der russischen Erdgasförderung liegen bislang im nördlichen Westsibirien. Die Förderung und der Pipelinebau in diesen unwirtlichen, weithin von Sümpfen bedeckten Regionen erforderten einen riesigen technischen und finanziellen Aufwand. Eisenbahnen, Straßen, industrielle Anlagen und ganze Siedlungen mussten auf Sandfundamenten errichtet werden.

Hoch oben in Russlands Norden, 2300 Kilometer von Moskau entfernt, liegt die Gashauptstadt Nowy Urengoi. Die Arbeiterstadt mit rund 100.000 Einwohnern mitten in der Tundra Sibiriens befindet sich nur knapp unterhalb des Polarkreises. Sie entstand vor mehr als 30 Jahren als Arbeitersiedlung direkt an der Förderstelle im Niemandsland. Gas-Pioniere machten hier den Anfang.

Im Dezember scheint die Sonne nur zwei Stunden am Tag, im Juni dagegen nimmt der Tag gar kein Ende. Die Temperaturen im langen Winter sind eisig und eigentlich bringen nur die allesamt im Besitz von Gasprom befindlichen gigantischen Gasfelder Menschen in diese unwirtliche Gegend. Schon in den 1960er Jahren fanden Geologen dort die größten Energievorkommen Russlands. 80 Prozent des landesweit geförderten Gases kommt aus Westsibirien.

Jeder dritte Einwohner steht hier auf der Gehaltsliste des blauen Riesen. Die Kinder gehen in den firmeneigenen Kindergarten, die Erwachsenen gehen zum Gasprom-Friseur und sehen Gasprom-TV. Wer hier arbeitet, ist gut versorgt. Wegen der extremen klimatischen Bedingungen muss

Gasprom den Arbeitern große soziale Sicherheit bieten. Medizinische Versorgung, Kindergärten und eigene Schulen sind der Ausgleich für die Knochenarbeit im Schichtbetrieb. Wer hier lebt, wird nicht alt, sagen die Ärzte. Alkohol, Krankheiten und Depression sind weit verbreitet.

Mitten in der Tundra stellt der Konzern für seine Beschäftigten Kinosäle und Theaterräume bereit, fördert Kunstwettbewerbe und Sportereignisse. Sogar eine eigene Fluggesellschaft der Gasprom sorgt dafür, dass es auch nach der Privatisierung der staatlichen Linie Aeroflot noch Flüge in diese entlegenen Gegenden gibt. Keine andere Firma in Russland zahlt so hohe Gehälter und bietet so viele Sozialleistungen.

Dank der Rundumversorgung durch den Konzern gibt es lange Wartelisten von Russen und Bürgern der früheren Sowjetunion, die gerne in die westsibirische Tundra ziehen möchten. Die Plattenbausiedlung Nowy Urengoi zählt inzwischen zu den reichsten Städten Russlands. Die Wohlstandsinsel mitten in der sibirischen Einöde wird im Volksmund sogar schon „Russische Emirate“ genannt. Das Durchschnittseinkommen ist dreimal so hoch wie im Rest des Landes. Die ganze Stadt stand bis vor wenigen Jahren sozusagen auf der Gehaltsliste von Gasprom. Der Konzern zahlte Lehrer, Busunternehmen, Krankenhäuser, und stellte sämtliche Dienstleistungen der Kommune bereit.

Erst 2005 begann Gasprom sich von dieser Erblast aus sowjetischer Zeit zu verabschieden, und seitdem übernimmt die Stadtverwaltung Schritt für Schritt selbst die Müllabfuhr, den Busverkehr und andere öffentliche Aufgaben. Schließlich muss Nowy Urengoi an seine Zukunft denken, in der eines Tages Gas keine Rolle mehr spielen wird. Weil die Vorkommen in Westsibirien weitgehend ausgebeutet sind, müssen neue Gasregionen erschlossen werden. Diese liegen vor allem in den nördlichen Küstengebieten Sibiriens sowie im Osten des Landes.

KAPITEL 2

VOM SOWJETISCHEN GASMINISTERIUM ZUM GLOBAL PLAYER

Dem Zerfall der Sowjetunion folgte in den 1990er Jahren die Zeit der großen Privatisierungen in der russischen Rohstoffindustrie. Bereits 1989 ließ der letzte sowjetische Staatschef Michail Gorbatschow den Geschäftsbereich Gasindustrie des Ministeriums für Erdöl- und Gaswirtschaft der UdSSR in den Staatskonzern Gasprom umwandeln. Zum Chef des Unternehmens ernannte er den damaligen Energieminister Wiktor Tschernomyrdin. Ende 1992 wurde das Firmenimperium in eine Aktiengesellschaft umgewandelt, deren Kontrollmehrheit in den Händen der damaligen Leiter des Ministeriums verblieb. Anders als das sowjetische Ölmonopol wurde Gasprom nicht in mehrere Teile zerschlagen, sondern blieb auch in Jahren der Transformation der russischen Wirtschaft weitgehend als Monopolbetrieb erhalten.

Was nach außen wie eine Privatisierung nach westlichem Vorbild aussah, folgte in Wahrheit ganz anderen, postsowjetischen Spielregeln. Die Moskauer Soziologin Olga Kryschtanowskaja beschreibt in ihrem bemerkenswerten Buch *Anatomie der russischen Elite* treffend, wie Anfang der 1990er Jahre die Massenflucht von Angehörigen der alten sowjetischen Elite in die russische Wirtschaft einsetzte. Sie schildert den typischen Ablauf, der auch die Entwicklung bei Gasprom verständlicher macht: „Ein Ministerium wurde aufgelöst, aus seinen Bestandteilen ein staatlicher Konzern gegründet, den man bald in eine Aktiengesellschaft umwandelte. Ansonsten blieb alles – Gebäude, Büros und Einrichtungen – unverändert, auch das Personal war dasselbe. Der Minister trat zurück, das Kontrollaktienpaket ging an die führenden Leute des Ministeriums über. Chef des Konzerns wurde in der Regel der zweite oder dritte Mann der aufgelösten Behörde."

Kryschtanowskaja nennt diesen Prozess eine „Privatisierung des Staates durch den Staat" und macht dadurch klar, dass diese Transformation der russischen Wirtschaft keineswegs nach westlichen Mustern verlief. „Die nach außen abgeschirmte Privatisierung lief ohne jede Ankündigung, unter voller Kontrolle der Staatsbeamten ab und hatte zum Ziel, die Infrastruktur der Wirtschaft zu privatisieren." So traten an die Stelle vieler sowjetischer Ministerien innerhalb weniger Jahre scheinbar neu geschaffene Konzerne. Gasprom kann somit als Prototyp des russischen Staatskapitalismus gelten.

Es war die Zeit der Wirtschaftskrise in Russland und chaotischer Verhältnisse. Die Modernisierung kam nicht voran. Gasprom blieb stattdessen zunächst ein riesiges Fossil aus alter Zeit, das im Westen trotz seiner Größe und Bedeutung für die Versorgungssicherheit in Europa kaum wahrgenommen wurde. Anlagen und Pipelines wurden nicht mehr erneuert und verfielen zusehends. Wichtige Investitionen wurden über Jahre vernachlässigt oder vertagt. Der Inlandspreis für Gas, das an russische Haushalte und Unternehmen geliefert wurde, war hoch subventioniert. Geld verdiente die Konzernspitze allein mit dem lukrativen Auslandsgeschäft, und die europäischen Kunden wurden trotz der Wirrnisse im neuen Russland weiterhin zuverlässig beliefert.

In einer Zeit, in der sich die russischen Bürger verzweifelt bemühten, im Angesicht der einsetzenden Hyperinflation ihre Ersparnisse zu retten und irgendwie zu überleben, waren die russischen Staatsbeamten darum bemüht, ihre Macht festzuhalten, indem sie sich neue Aufgaben und neue Eigentumsfelder schufen. Sie wollten auch im neuen Russland unter Präsident Boris Jelzin nicht zu den Verlierern des Umbruchs zählen. Während weite Teile der Bevölkerung völlig verarmten, sicherte sich die frühere sowjetische Nomenklatura, vor allem Militärangehörige und KGB-Leute, auf diese Weise ihren Zugang zu den Reichtümern des Landes.

Die Soziologin Kryschtanowskaja schildert eindrucksvoll, wie Anfang der 1990er Jahre der Geheimdienst KGB umgekrempelt und die Armeestärke reduziert wurde, sodass rund 300.000 hohe Offiziere und Generäle auf einmal ohne Aufgabe dastanden. „Plötzlich war da eine große Gruppe junger Ruheständler, die eine Beschäftigung im zivilen Leben suchten. Das nutzte die Privatwirtschaft", schreibt Kryschtanowskaja. Damals habe jedes Großunternehmen, das etwas auf sich hielt, eine Struktur gehabt, der ein KGB-General vorstand. Die höchsten Amtsträger des Geheimdienstes seien in den großen Banken und Erdölfirmen zu finden gewesen. Ihre Präsenz in den Wirtschaftsstrukturen wuchs von Jahr zu Jahr, denn die dort bereits untergekommenen Offiziere brauchten Mitarbeiter und nutzten jede Gelegenheit, um ehemalige Kollegen in hoch bezahlte Stellungen zu lancieren. Die ausgemusterten Offiziere, die sich über die Privatwirtschaft verstreuten, ließen den Kontakt untereinander und zu ihrem ursprünglichen Arbeitgeber niemals abreißen. Im Gegenteil, die Bindung verstärkte sich in dem Maße, wie ihnen neue Aufgaben zuwuchsen. Während Offiziere im aktiven Dienst stets dazu geneigt hatten, sich im eigenen Kreis – sei dies nun der KGB, die Miliz oder die Armee – abzukapseln, fanden ehemalige Uniformträger aller Art nun in einem Unternehmen zusammen. „Sie bildeten eine ganz eigene Bruderschaft, wo man sich verstand und sich gegenseitig half. Sie trafen sich regelmäßig und knüpften weit reichende Verbindungen im Staats- und Justizapparat", schreibt die Soziologin. Damit macht sie deutlich, wie der Putin'sche Machtapparat funktioniert und warum der russische Präsident so viele seiner ehemaligen Petersburger Weggefährten um sich versammelt. „Der Korpsgeist der Geheimdienste zementiert die Macht. Ein solches Regime gewinnt zusätzlich Stabilität, wenn es durch die Ideologie des Patriotismus verstärkt wird, auch wenn dieser bereits mit liberalen wirtschaftlichen Vorstellungen verwässert ist. Die neuen Clans des Putin-Regimes werden vom Korpsgeist der Geheimdienste zusammengehalten."

Bei Gasprom blieb der Staat zwar Hauptaktionär, aber viele Aktien gelangten in Privatbesitz. Die Aktionärsstruktur wurde immer unübersichtlicher, der Einfluss des Staates nahm zeitweise ab. Der blaue Riese entwickelte sich mehr und mehr zu einem undurchsichtigen Geflecht aus Haupt- und Nebenfirmen. Großunternehmen wie Gasprom schufen sich auch ihre eigenen Finanzstrukturen, wie die branchenbezogene Geschäftsbank Gasprombank. Gleichzeitig blieb die enge personelle Verzahnung von Politik und Konzern erhalten. Als der Vorstandsvorsitzende Tschernomyrdin im Dezember 1992 Premierminister wurde, folgte ihm sein bisheriger Stellvertreter, der Gasexperte Rem Wjachirew, auf seinem Posten nach. Nach Tschernomyrdins Ausscheiden als Regierungschef im Juni 1999 wechselte der einflussreiche Politiker noch einmal für ein knappes Jahr in den Vorsitz des Gasprom-Aufsichtsrates.

Ende der 1990er Jahre erreichten die Auswüchse von Korruption bei Gasprom ihren Höhepunkt. Es entstanden zahlreiche private Firmen im Umfeld des Riesen, die Gasreserven zu einem Bruchteil des Marktwertes kaufen durften, um sie anschließend für ein Vielfaches weiterzuverhökern. Immer offensichtlicher wurde, dass sich die Führungsriege von Gasprom persönlich zum Schaden des Konzerns bereicherte. Auch Hinweise auf Verwicklungen in kriminelle Strukturen häuften sich. Der frühere russische Finanzminister Boris Fjodorow, der seinerzeit im Aufsichtsrat die Interessen der Minderheitsaktionäre vertrat, rügte scharf, dass bei Gasprom damals jedes Jahr ein bis zwei Milliarden US-Dollar durch Diebstahl und Vetternwirtschaft verschwunden seien.

Mit dem Machtantritt des neuen Präsidenten Wladimir Putin im Jahr 2000 wurde schnell offensichtlich, dass der frühere KGB-Chef wieder nach einer stärkeren staatlichen Kontrolle des blauen Riesen strebte. In einem ersten Schritt entmachtete Putin den damaligen Gasprom-Chef Rem Wjachirew und schickte ihn in den Vorruhestand. Ihm wurde vorgeworfen, den Konzern als Selbstbedienungsladen angesehen und regelrecht ausgenommen zu haben. Auch Tschernomyrdin sah sich dem Vorwurf ausgesetzt, er habe ein Milliardenvermögen angehäuft und seine Söhne Andrej und Witalij mit zwielichtigen Geschäften der früheren Gasprom-Tochtergesellschaft Stroitransgas an Gewinnen beteiligt. In den Listen westlicher Hochglanzillustrierter tauchten die Unternehmenschefs immer wieder als Milliardäre auf.

Trotz solcher Vorwürfe gibt es auch Stimmen, die der alten Konzernspitze zugutehalten, dass Gasprom nicht ganz auseinanderbrach, sondern in den Jahren der schweren Wirtschaftskrise als „Rückgrat der Russischen

Föderation“ erhalten blieb. Gasprom war der Devisenbringer des Landes und lieferte weiter Gas an russische Industriebetriebe und Haushalte, obwohl viele Rechnungen unbezahlt blieben. Die Regierung verpflichtete das Unternehmen in zahlreichen Dekreten dazu, auch säumige Kunden weiter zu beliefern. Ob es um private Haushalte, Wasser- oder Strombetriebe, Kliniken oder die Armee ging – die Gasversorgung sollte garantiert bleiben.

In einem kalten Land mit harten Wintern sorgte die blaue Flamme auf diese Weise immer noch für eine gewisse soziale Stabilität, die vielleicht mit dazu beitrug, in der dramatischen Wirtschaftskrise Russlands Überleben zu sichern. Schließlich hängt die Wärmeerzeugung landesweit zu rund 60 Prozent vom Gas ab. Vor allem deutsche Geschäftspartner streichen diese Leistung von Gasprom gerne heraus. Schließlich sichere diese Verlässlichkeit auch die Energieversorgung westlicher Verbraucher.

Das Jahr 2001 wurde zu einer echten Zäsur in der Firmengeschichte. Im Sommer 2001 berief Putin den damaligen Energieminister Alexej Miller an die Spitze des Unternehmens. Mit dem 39-jährigen Miller begann eine neue Ära für das Unternehmen. Schon seine Berufung wurde in Moskau als Signal des Aufbruchs und der Konzernreform gewertet. An der Börse schnellte der Kurs der Gasprom-Aktie unmittelbar nach Bekanntwerden des Wechsels an der Führungsspitze um 5,4 Prozent nach oben.

Die Berufung von Gasprom-Chef Alexej Miller stand für eine neue Epoche des Unternehmens. Inzwischen gilt der an einem Nierenleiden erkrankte Putin-Freund nur noch als Übergangsfigur bis zu den Wahlen 2008. (Foto: Hans-Jürgen Burkard)

Exkurs: Alexej Miller – der unauffällige Mann an der Spitze von Gasprom

Das Gesicht von Gasprom ist Alexej Miller nicht. Der Vorstandschef scheut eher das Licht der Öffentlichkeit, spricht mit auffallend leiser Stimme und bleibt lieber im Hintergrund. Journalisten gibt er selten Interviews. Seine Sache sind eher Strategieplanungen bei Fachveranstaltungen. Als der enge Putin-Freund im Sommer 2001 an die Spitze des blauen Riesen rückte, erwartete ihn vor allem Knochenarbeit. „Ich habe geglaubt, ich komme in ein Büro mit Schränken voller Geld, stattdessen habe ich einen Schrank mit Problemen vorgefunden", zitiert Reiner Hartmann, Chef der EON-Vertretung in Moskau, den russischen Geschäftsfreund. Er bescheinigt Miller, den Konzern völlig umgekrempelt zu haben. „Der Workaholic" Miller habe sich bis tief in die Nacht durch Aktenberge gewühlt und viele Leute aus seiner Petersburger Zeit dazugeholt, um den Laden gründlich zu reformieren.

Miller wurde am 31. Januar 1962 im damaligen Leningrad geboren. Nach dem Schulabschluss studierte er in seiner Heimatstadt

Wirtschaftswissenschaften. 1984 folgte der erste Job als Wirtschaftsingenieur an einem Forschungsinstitut. Miller promovierte und arbeitete als wissenschaftlicher Mitarbeiter, bevor er erste praktische Erfahrungen in der Stadtverwaltung von St. Petersburg sammelte. Dort war er für die Ansiedlung ausländischer Unternehmen zuständig. Den für seinen steilen Aufstieg entscheidenden Kontakt knüpfte Miller im Jahr 1991, als Wladimir Putin sein Chef wurde. Fünf Jahre später wurde der junge Wirtschaftsingenieur zum Chef der Petersburger Seehäfen berufen und 1999 zum Generaldirektor der Baltischen Pipeline-Systeme. Als sein Freund Putin im Jahr 2000 zum russischen Präsidenten gewählt wurde, stieg Miller zum stellvertretenden Energieminister auf.

Putin und Miller verbindet nicht nur eine langjährige Freundschaft. Beide Männer haben es aus kleinen Verhältnissen bis ganz nach oben geschafft. Ende der 1980er Jahre gehörten sie zu demselben Kreis junger Reformer um den späteren Chefprivatisierer Anatolij Tschubais in St. Petersburg, wenn auch Miller, anders als Putin, nicht dem KGB angehörte.

Seine Freunde sagen, Miller sei zielstrebig und fleißig, und sie halten ihn für weithin unterschätzt. Seine Gegner sehen in ihm eher den unauffälligen Apparatschik, der im Schatten Putins Karriere machte und sich vor allem durch bedingungslose Loyalität gegenüber dem Kremlchef auszeichnet. Seit Miller an der Konzernspitze steht, hat es keine Korruptionsvorwürfe gegen ihn gegeben, und es heißt, die fragwürdigen Geschäfte bei Gasprom seien weniger geworden.

Westlichen Diplomaten in Moskau ist vor allem ein ungewöhnlicher Auftritt Millers im April 2006 in Erinnerung geblieben. Damals hatte Putin überraschend mit China die Lieferung von jährlich 80 Milliarden Kubikmetern Erdgas ab 2011 vereinbart. Die europäischen Botschafter trieb deshalb die Sorge um, Gasprom könne wegen dieses neuen Geschäfts bestehende Verträge über Gaslieferungen nach Europa möglicherweise nicht mehr einhalten. Miller beruhigte bei seinem Auftritt in der österreichischen Botschaft die Diplomaten zunächst mit der Zusicherung, die Gaslieferungen für Europa seien gewährleistet. Dann aber drohte er plötzlich in unerwartet deutlichen Worten damit, dass es auch alternative Abnehmer gebe, sollte sich der europäische Gasmarkt nicht stärker für Beteiligungen von Gasprom öffnen. Die 25 Botschafter waren schockiert. Die *Frankfurter Allgemeine Zeitung* titulierte Miller nach diesem denkwürdigen Auftritt als „Gas-Rambo im Diplomatenanzug".

Dabei gilt Miller eigentlich eher als ruhiger, freundlicher Zeitgenosse. Als Chef eilt ihm der Ruf voraus, ein Streber und Ordnungsfanatiker zu sein, der das Unternehmen streng hierarchisch führe. Sogar über die Entlassung und Einstellung von Fahrern oder Sekretärinnen entscheide der Konzernchef persönlich, heißt es. Aufgaben zu delegieren, liege dem Gasmanager nicht. Sein Vertrag läuft noch bis 2011. Anfang Juni 2007 wurde bekannt, dass Miller wegen eines schweren Nierenleidens ins Krankenhaus eingeliefert worden sei und es „Komplikationen beim Krankheitsverlauf" gebe. Der Kurs der Gasprom-Aktie fiel daraufhin zunächst, erholte sich aber schnell wieder. Nach dreimonatiger Pause kehrte Miller zwar Anfang September 2007 wieder an seinen Arbeitsplatz zurück, aber seither halten sich wegen seines schweren Nierenleidens die Gerüchte, er könnte früher abgelöst werden. Nach Einschätzung des britischen Gasexperten Stern liegt es in Präsident Putins

Interesse, Miller als Gasprom-Chef bis zu den Präsidentenwahlen zu halten.

Privat ist wenig von Miller bekannt. Wie Putin ist auch er dem Alkohol, ganz entgegen russischer Lebensart, wenig zugetan und gilt als spartanischer Mensch. Ein Foto, auf dem er einen Labrador streichelt, gehört zu den spärlichen Hinweisen auf sein Privatleben. Miller ist verheiratet und hat einen Sohn.

Millers wichtigster Auftrag lautete, den ausgeplünderten Konzern neu zu ordnen und das Unternehmen wieder stärker unter Staatseinfluss zu bringen. Die neue Epoche beförderte eine Konsolidierung, bei welcher nicht nur der Konzern sich zuvor verkaufte Lagerstätten und Lizenzen zurückholte, sondern auch der Kreml seinen Anteil auf 51 Prozent erhöhte und damit die Aktienmehrheit erwarb.

Gleichzeitig hielten aber auch erstmals moderne Betriebswirtschaft und neue Management-Methoden Einzug in die Konzernzentrale. Obwohl sich die Geschäfte zunächst nur mäßig entwickelten, gelang es Miller, das riesige Unternehmen wieder auf Vordermann zu bringen. Er konzentrierte sich auf Rückkäufe und wechselte im Management viele Leute aus der Wjachirew-Ära gegen Putin-treue jüngere Manager aus. Viele der alten Gasfachleute, die noch nicht einmal eine Fremdsprache beherrschten, wurden abgelöst.

In der alten Firmenriege war Millers Berufung zunächst höchst umstritten. Schließlich stieß mit ihm ein Außenseiter zum Konzern, der eigentlich nicht aus dem Kreis der „Gasowiki“ stammte. Dass er zudem zielstrebig versuchte, das Chaos zu beenden, von dem viele in der Führungsetage jahrelang finanziell profitiert hatten, brachte ihm zunächst nur wenige Sympathien ein. Aber Miller setzte sich gegen Widerstände durch, und es blieb bei immer wiederkehrenden Gerüchten über einen möglichen Rücktritt.

„Miller war sehr erfolgreich und brachte etwa 60 Prozent der verlorenen Gasfelder und Firmenanteile zurück“, urteilt der Investmentexperte Wadim Kleiner vom Hermitage Capital Management im Gespräch mit der Wochenzeitung *Die Zeit* über den Mann an der Spitze. Der enge Putin-Freund stand nie im Ruch der Korruption, und es gelang ihm nicht nur wegen der rasant steigenden Energiepreise den Wert des Unternehmens beinahe zu verzwanzigfachen.

Trotz solcher Fortschritte, die sich nach Einschätzung von Experten auch in einem Generationswechsel in der Führungsetage zeigten, wurde die staatliche Misswirtschaft des riesigen Unternehmens keineswegs eingedämmt. Es fließt weiterhin gelegentlich Geld in die russische Haushaltskasse oder es werden völlig undurchsichtige Tauschgeschäfte mit Partnern im Ausland abgewickelt. Auch wenn im Kreis der Mitarbeiter viele Geschichten über die internen Machtkämpfe unterschiedlicher Interessengruppen bei Gasprom kursieren, dringt davon bis heute wenig an die Öffentlichkeit. Richtungskämpfe werden intern ausgetragen. Gasprom ist trotz einiger Fortschritte bis heute ein undurchsichtiger Koloss geblieben. Durch ungenügende Kostenkontrolle und mangelnde Transparenz habe Gasprom Unsummen verloren, beklagen auch Minderheitsaktionäre des Konzerns.

Auf Kritik stößt vor allem, dass Gasprom bis heute ein „monströser Gemischtwarenladen" ist, inklusive Porzellanmanufaktur, Nähfabrik, Sanatorium, Hühnerfarm und riesiger landwirtschaftlicher Ländereien. Zwar hat sich der Konzern mancher solcher Zusatzgeschäfte entledigt, doch werfen Kritiker dem ausufernden Firmenimperium vor, sich zu wenig auf das Kerngeschäft zu konzentrieren.

Kleine private Gasversorger werden vom Giganten Gasprom an die Seite gedrängt. Dabei fördern sie im Schatten des Konzerns effizienter, konnten ihre Produktion im Verlauf von sechs Jahren verdoppeln und haben niedrigere Produktionskosten. Als Pipeline-Monopolist kann ihnen der Konzern jedoch jederzeit die Leitungen sperren. Der lukrative Export in das ferne Ausland bleibt den Privaten verwehrt, seit Gasprom 2006 das staatliche Kontrollmonopol für den Export erhielt.

Im Januar 2007 kippte ein Moskauer Schiedsgericht die Entscheidung des russischen Kartellamtes, das dem staatlich kontrollierten Energiekonzern Gasprom bisher die Übernahme heimischer Rivalen untersagt hatte. Nun wird der Kreml-Konzern nach Ansicht von Analysten seine Minderheitsbeteiligungen an den Konkurrenten Itera, Novatek und Nordgas wohl bald in Mehrheiten verwandeln. Schon Ende September 2006 erwarb die deutsche Tochtergesellschaft „Gazprom Germania“ ein Aktienpaket in Höhe von 19,4 Prozent der Anteile am größten unabhängigen Gasproduzenten Novatek.

Strategisches Ziel von Gasprom ist es, eine global operierende Energieholding zu werden, die zukünftig nicht nur Gas, sondern auch Erdöl, Kohle, Strom und Atomenergie unter einem Dach vereint. Als Zielgröße hat Miller einen Börsenwert von einer Billion Dollar vorgegeben. Damit wäre Gasprom das teuerste Unternehmen der Welt.

Die Schaltzentrale der Macht in Moskau. Im Hauptquartier des Konzerns regeln Mitarbeiter an einem riesigen Monitor die Gasversorgung Europas und überwachen die Pipelines. (Foto: Hans-Jürgen Burkard)

Exkurs: Momentaufnahme aus der Firmenzentrale in Moskau

Im Südwesten von Moskau, an der breiten Nametkinastraße, liegt die Konzernzentrale von Gasprom. Das Gelände rund um den modernen, glasverkleideten Büroturm ist eingezäunt und wirkt unzugänglich. Der Konzern residiert hier seit Anfang der 1990er Jahre. Die beiden nüchternen Bauten mit ihrem blau getönten Spiegelglas wirken abweisend, ähneln aber von außen einer modernen Konzernzentrale im Westen. In einem Vorbau stehen zahlreiche Leute vor gläsernen Abfertigungsschaltern Schlange, um auf das Gasprom-Gelände zu gelangen. Eine Frau im Nerzmantel möchte für die ganze Familie den Ausweis für das firmeneigene Fitness-Studio verlängern, ein älterer Mann wird unfreundlich abgewiesen, weil sein Gesprächspartner nicht im Hause ist. Als Ausländerin wird die bei der Pressestelle angemeldete Journalistin zum Eingangstor geschickt, wo der Pass nur kurz überprüft wird. Der Zugang zur Filiale der Kreml-Macht ist ohne weitere Kontrolle frei. Anders als in westlichen Unternehmen üblich, bahnt sich die Besucherin nun selbst ihren Weg und fragt sich durch.

Der imposante Haupteingang des Gasprom-Hochhauses ist an diesem Wintertag geschlossen. Ganz in sowjetischer Manier hängt dort das Hinweisschild „Remont", sodass Besuchern wegen der laufenden Renovierungsarbeiten nur der wenig repräsentative Hintereingang bleibt. Anders als der moderne Bürokomplex zunächst vermuten lässt, erinnert das Innenleben von Gasprom trotz der modernen Raumausstattung auf den ersten Blick eher an sowjetische Zeiten. Gleich am Eingang tauchen die Nelken, Rosen und Tulpen des Blumenladens das ganze Foyer unerwartet in üppigen Blumenduft. Ein paar Meter weiter stehen Angestellte an den Kassen des hausinternen Supermarktes Schlange. Auch das überfüllte Café vermittelt weniger ein Klima effizienter Geschäftigkeit, als den Eindruck sowjetischen Schlendrians. Wer bei Gasprom arbeitet, lebt, wie früher im Ministerium, privilegiert. Das Unternehmen bietet seinen mehr als tausend in der Moskauer Zentrale arbeitenden Angestellten eine eigene Poliklinik, ein Fitness-Studio, ein Schwimmbad sowie im Umkreis der Konzernzentrale zahlreiche attraktive Wohnkomplexe mit angegliederten Schulen. Die hauseigene Gasprom-Bank gewährt Kredite, um Angestellten der Firma den Kauf einer der in Moskau sehr begehrten Eigentumswohnungen zu ermöglichen. In den 1990er Jahren gab es noch firmeneigene Pferdeställe. Ein russisches Angestelltenparadies des 21. Jahrhunderts. Wer hier arbeitet, zieht seine Verwandtschaft nach. Die Gehälter liegen weit über dem landesweiten Durchschnitt.

Gasprom ist bis heute ein durch und durch russisches Unternehmen, dessen Innenleben kein bisschen Internationalität ausstrahlt, obwohl der Konzern längst zum „Global Player“ geworden ist.

KAPITEL 3

GASPROM ALS MACHTINSTRUMENT IN PUTINS HAND

Ohne Zweifel versteht Kreml-Chef Wladimir Putin von Energiepolitik so viel wie kaum ein anderer Staatsmann. Schon seine Doktorarbeit widmete er Energiefragen. Nun dient die Energiepolitik nicht nur als Eckpfeiler seines Wirtschaftsprogramms, sondern auch als Motor für den Wiederaufstieg Russlands zur Großmacht und den Boom der Wirtschaft. Wie viele Russen ist auch Putin tief geprägt durch die Erfahrungen der Privatisierung der Jelzin-Zeit, die mit fragwürdigen Methoden betrieben wurde und das riesige Land nicht nur in eine dramatische Wirtschaftskrise führte, sondern auch zum Bedeutungsverlust Russlands auf der weltpolitischen Bühne führte.

„Russland ist in einer der schwierigsten Phasen seiner Geschichte", sagte Putin noch vor seiner Wahl zum

Präsidenten im Jahr 2000. „Das erste Mal seit mehr als 20 Jahren droht uns die Gefahr, in die zweite, vielleicht sogar dritte Liga der Staaten abzurutschen.“ Für einen Mann, der den Untergang der Sowjetunion öffentlich bedauerte, war dieser Niedergang der Russischen Föderation sicher Motiv genug für einen grundlegenden Kurswechsel im Kreml.

Bald nach seinem Amtsantritt erarbeitete Putin ein Wirtschaftsprogramm, das er in einer Ansprache im Jahr 2002 als Ausweg aus der Katastrophe anpries. In diesem Programm propagierte er die Stärkung des Zentralstaates, aber auch die Entwicklung der Marktwirtschaft. Außerdem setzte sich im Kreml die Unterscheidung zwischen „privater Industrie“ und „natürlichen Monopolen“ durch, damit sind Branchen gemeint, die als strategisch besonders bedeutsam gelten. Dazu zählen die Rohstoffindustrie, Rüstung, Spezialtechnik, Flugzeugbau, Weltraum- und Atomindustrie – sie alle sollten nach dem Verständnis der russischen Regierung unter direkter staatlicher Kontrolle bleiben. Erklärtes Ziel ist es seitdem, Russlands Weltgeltung unter Einsatz seiner Bodenschätze wiederherzustellen. Gasprom erweist sich dabei als schlagkräftigste Waffe des Energie-Zaren, soll der Konzern doch in Zukunft als Weltchampion Gas, Öl, Kohle, Strom und Atomindustrie in sich vereinen und Russland einen unangefochtenen Platz in der globalisierten Welt sichern.

Demokratische Errungenschaften der Jelzin-Zeit treten für Putin gegenüber diesem Ziel völlig in den

Hintergrund. So werden erneut föderale Strukturen zugunsten der Moskauer Zentrale geschwächt, und die Parteienlandschaft wird auf wenige Kreml-nahe Organisationen beschränkt. Als früherer KGB-Mann setzt Putin auf ein autoritäres Regime, in dem eine freie Presse, eine kritische Opposition und unabhängige Gerichte den Regierungskurs und die langfristige Strategie lediglich stören.

Mit Hilfe von Gasprom brachte der Kreml die in der Jelzin-Ära noch relativ freie Medienlandschaft unter seine Kontrolle. Dank der Aufkäufe durch Gasprom-Media, eine Tochterfirma der mit dem Konzern verbundenen Gasprombank, wurden einstmals regierungskritische TV-Kanäle, Radiosender und Zeitungen aufgekauft und auf Linie gebracht. Damit sollten gleichzeitig jene Oligarchen geschwächt werden, die, wie Wladimir Gussinski oder Boris Beresowski, in den 1990er Jahren zu Medienmagnaten aufgestiegen waren und die Medien für ihre Ziele instrumentalisiert hatten.

Wendepunkt dieser Entwicklung war das Jahr 2003 mit dem staatlichen Vorgehen gegen den Chef des Ölkonzerns Jukos, Michail Chodorkowski. Damals begann sich eine neue Wirtschaftspolitik mit dem Ziel der Rückgewinnung der staatlichen Kontrolle über die strategischen Ressourcen durchzusetzen. Die Affäre veränderte das Verhältnis des Kreml zu den Oligarchen, zum Rechtsstaat und zu ausländischen Investitionen. Zahlreiche Autoren sprechen davon, dass damit auf eine

Phase der „gelenkten Demokratie" eine neue Phase der „gelenkten Wirtschaft" folgte.

Der Ölmilliardär Chodorkowski hatte versucht, den Kreml politisch herauszufordern, und beabsichtigt, ein Aktienpaket seiner Firma in die USA zu verkaufen. Auf die international höchst umstrittene Verhaftung und spätere Verurteilung Chodorkowskis zu acht Jahren Lagerhaft folgte die Zerschlagung von Jukos und die Wiederverstaatlichung der Erdölindustrie. Der Staatskonzern Rosneft, dem die wichtigsten Vermögensanteile von Jukos zugeschanzt wurden, stieg damit zur Nummer eins der Branche auf. Die Firma Sibneft des Oligarchen Roman Abramowitsch wurde an Gasprom verkauft, was dazu führte, dass der Gasriese nun auch zum zweitgrößten Ölkonzern in Russland wurde. Anders als Chodorkowski arrangierte sich der Milliardär Abramowitsch mit den Machthabern im Kreml.

Heute scheuen wichtige Unternehmerpersönlichkeiten vor einem Konflikt mit dem Kreml zurück. Das Schicksal des in Krasnokamensk einsitzenden Chodorkowski ist für viele Geschäftsleute Warnung genug, sich besser nicht mit der Putin-Regierung anzulegen. Eine in Moskau im Juni 2007 erschienene Studie des Zentrums für politische Konjunktur belegt, dass die russischen Großunternehmer heute das Einverständnis und den Kompromiss mit dem Kreml suchen und keine eigenständigen politischen Projekte mehr verfolgen.

Auch bei der Finanzierung von Wahlkämpfen spielte der Erdgasriese bereits in der Vergangenheit eine entscheidende Rolle und so wird es auch im Vorfeld der Duma-Wahlen im Dezember 2007 sowie bei den noch wichtigeren Präsidentenwahlen im März 2008 sein. Da Putin sich nach eigenen Angaben nicht zur Wiederwahl stellt, beherrscht die Frage seiner Nachfolge die politische Szene. Längst tobt ein Machtkampf der unterschiedlichen Interessengruppen um die künftige Macht im Kreml, der so undurchsichtig ist, dass die zu sowjetischer Zeit so populäre Kreml-Astrologie eine neue Renaissance erlebt.

Ob der stellvertretende Ministerpräsident und Gasprom-Aufsichtsratsvorsitzende, Dmitri Medwedew, als Präsidentschaftskandidat gegen den früheren Verteidigungsminister Sergej Iwanow noch eine Chance hat oder ein bislang unbeachteter Dritter zum Kreml-Chef aufsteigt, ist momentan völlig offen.

Nach Einschätzung des russischen Oppositionspolitikers Wladimir Ryschkow lautet „die eigentliche Frage des Machtkampfes, wer kontrolliert Gasprom". Denn, wer den Gasriesen lenke, der kontrolliere das ganze Land, sagt der Politiker. „Gasprom ist nicht Subjekt, sondern Objekt des Wahlkampfes." Hartnäckig hält sich in Moskau das Gerücht, Putin wolle nach seinem Ausscheiden aus dem Präsidentenamt an die Spitze von Gasprom treten.

Am Ende seiner zweiten Amtszeit hat Putin einige seiner Ziele erreicht. Innenpolitisch hat er die Großkonzerne wieder unter staatliche Kontrolle gebracht. Die Wirtschaftsliberalen und sogenannten Reformer der

1990er Jahre haben an Einfluss verloren. Stattdessen sind Vertreter des Geheimdienstes in viele Machtpositionen nachgerückt. Auch dem liberalen Wirtschaftsminister German Gref gelang es nicht, sich gegen die zunehmende Staatspräsenz in der Wirtschaft durchzusetzen. Sein Plan, den Gasmarkt zu entmonopolisieren, scheiterte an Putins Programm, sich die Macht nach innen und außen mit Hilfe des staatlichen Zugriffs auf die Energieressourcen des Landes zu sichern. Seit 2005 sichert ein Gesetz dem Staat die Mehrheit an Gasprom. Im Zuge der Regierungsumbildung wurde Gref im Herbst 2007 von der Präsidentenberaterin Elwira Nabiullina als Wirtschaftsminister abgelöst.

Der britische Gasexperte Jonathan Stern hebt in seinem Buch *The Future of Russian Gas and Gazprom* hervor, dass die russische Gasindustrie eine „Kreatur des Staates“ sei und dies auch in absehbarer Zukunft bleiben werde. Deshalb sind nach seiner Einschätzung alle Empfehlungen der OECD, aber auch der Weltbank und des Internationalen Währungsfonds, eine Liberalisierung der russischen Gasindustrie voranzutreiben, völlig irrelevant. Der Kreml verfolgt genau die entgegengesetzten Rezepte und steht damit nicht allein. Angesichts eines immer härteren weltweiten Wettstreits um knapper werdende Rohstoffe setzen auch andere ressourcenstarke Staaten wie Venezuela, Iran oder Katar auf eine Politik der Re-Nationalisierung.

Nach den Erfahrungen der 1990er Jahre findet diese Putin'sche Politik breite Unterstützung in der russischen Bevölkerung. Zahlreiche Bürger sahen damals vor allem in der Privatisierung der Erdölindustrie einen Diebstahl von Volkseigentum und Naturschätzen. Vor allem ältere Menschen erlebten den Übergang zu mehr Marktwirtschaft in erster Linie als dramatische Wirtschaftskrise, die ihnen die letzten Ersparnisse raubte. Deshalb ist Putins Kurs in Russland durchaus populär. Dass das Wirtschaftswachstum der vergangenen Jahre und die vergleichsweise besseren Lebensverhältnisse zu großen Teilen dem enormen Anstieg der Rohstoffpreise zu verdanken sind, wird dabei gerne übersehen. Nach den Demütigungen der jüngsten Vergangenheit blüht der Patriotismus, und das Wiedererstarken der Nation wird als Erfolg von Putins Amtsführung gewürdigt.

Inwieweit in Zukunft ausländische Investoren nennenswert zum Zuge kommen werden, ist noch völlig offen. Russland ist erkennbar bemüht, den ausländischen Einfluss auf die Erdöl- und Erdgasförderung stärker zurückzudrängen. In diese Richtung verweisen auch der Anfang 2007 vorgelegte Entwurf des Gesetzes über „Kapitalanlagen in Unternehmen und Bereichen, die strategische Bedeutung für die nationale Sicherheit der Russischen Föderation haben“, und das Gesetz über Bodenschätze. Nun soll offenbar Recht werden, was vom Kreml bislang bereits mit Druck und Tricks umgesetzt wurde.

Dass an Gasprom der Staat die Mehrheit hat, prägt die Zielsetzungen, die deshalb vor allem politischen Vorgaben folgen und weniger unternehmerischen Strategien.

Mit einem Anteil von fast einem Drittel an der Industrieproduktion ist die Energiewirtschaft der wichtigste Sektor der russischen Volkswirtschaft und trägt über Steuern, Abgaben, und Exportzölle maßgeblich zu den Staatseinnahmen bei. Für Gasprom bedeutet dies, dass sämtliche wichtigen Entscheidungen vom Präsidenten getroffen werden. „Die politischen Machthaber, nicht die Eigentümer des wirtschaftlichen Kapitals, setzen die Prioritäten der wirtschaftlichen Entwicklung", charakterisiert die Moskauer Soziologin Olga Kryschtanowskaja den grundlegenden Unterschied zwischen der „ökonomischen Gesellschaft" des Westens und der „politischen Gesellschaft des Ostens". „Die Politik stimuliert die Wirtschaft, nicht umgekehrt. Politische Gesellschaften unterscheiden sich von ökonomischen dadurch, dass in ihnen Reichtum in der Regel erst nach der politischen Macht erworben wird."

Im Fall von Gasprom sind Wirtschaft und Politik schon personell so eng verflochten, dass beide Bereiche kaum auseinanderzuhalten sind. So ist der stellvertretende Ministerpräsident Dmitri Medwedew zugleich Vorsitzender des Aufsichtsrates von Gasprom. Mit Wirtschaftsminister Gref und Industrieminister Wiktor Christenko sitzen noch zwei weitere Regierungsmitglieder im Aufsichtsrat des Konzerns.

Für ausländische Investoren bedeutet dies, dass sie, wenn überhaupt, nur in der Rolle von Juniorpartnern oder Minderheitsaktionären willkommen sind. „Die Grundlage künftiger Verträge wird ein Austausch von

Beteiligungen sein“, sagte Waleri Jasew, Vorsitzender des einflussreichen Duma-Ausschusses für Energie, Transport und Kommunikation. Russland habe an reinen Finanzinvestitionen kein Interesse mehr.

Schon Ende 2006 hatte Russland demonstriert, wer auf den Energiemärkten des Landes das Sagen hat. So gelang es Gasprom mit Hilfe der russischen Regierung, den US-amerikanischen Ölmulti Shell als Mehrheitsaktionär aus dem weltgrößten Öl- und Flüssiggasprojekt auf der Insel Sachalin zu verdrängen. Der US-Riese hatte die Anteile im Jahr 1996 mitten in der Wirtschaftskrise zu einem Schnäppchenpreis erworben. Damals lag Russland noch am Boden und bot ausländischen Investoren extrem günstige Investitionsbedingungen. Das machte Putin nun rückgängig. „Das war ein Kolonialvertrag, der den Interessen der Russischen Föderation widersprach“, begründete er diesen Schritt im Juni 2007 vor ausländischen Journalisten im Kreml. „Ich kann nur bedauern, dass russische Beamte sich Anfang der 90er Jahre so etwas geleistet haben – die hätten hinter schwedische Gardinen gehört.“ Er warf Shell vor, gegen Umweltauflagen verstoßen zu haben und nahm dies zum Anlass, Gasprom den Einstieg zu ermöglichen. „Gasprom ist nicht gekommen und hat einfach etwas weggenommen, sondern hat Geld dafür bezahlt – riesige Summen: acht Milliarden Dollar, den echten Marktwert.“

Der Energiezar Putin hatte wieder einmal erreicht, was er wollte: die Kontrolle des Staates über ein lohnendes Projekt. Der frühere Wirtschaftsberater und

Putin-Kritiker, Andrej Illarionow, nannte den Eingriff des Kreml dagegen die „Affäre des Jahres 2006". Das Vorgehen mache deutlich, dass sich die Bedingungen für ausländische Investoren in Russland verschlechterten und Rechtssicherheit nicht gewährleistet sei. Illarionow ist überzeugt davon, dass „solange die Energiekonzerne vom Staat kontrolliert werden, [...] Gas und Strom als politische Waffe benutzt" werden.

Putins autoritärer Führungsstil und seine imperiale Außenpolitik stoßen im Westen zunehmend auf Kritik und Misstrauen. Dahinter steckt vor allem in Europa die Angst, Russland könnte seine Energiereserven als politische Waffe missbrauchen. Der Kreml-Chef hatte Gasprom 2003 ganz offen „einen mächtigen Hebel zur Einflussnahme auf den Rest der Welt" genannt.

Diesen Hebel setzt er auch an, um Russlands Einfluss auf die anderen Nachfolgestaaten der Sowjetunion und auf frühere Mitgliedsstaaten des Ostblocks zu sichern. So versuchen russische Unternehmen, in den neuen EU-Staaten wie Polen, Litauen oder Estland die frühere Abhängigkeit der gesamten Energie-Infrastruktur von Moskau aufrechtzuerhalten.

Als großer Stratege erweist sich Putin auch bei der Sicherung russischer Interessen in Zentralasien. Hier ist er mit seinem autoritären Führungsstil der langsamen Entscheidungsfindung im vielstimmigen Chor der Europäischen Union immer einen Schritt voraus.

Als überraschender Coup des Kreml erwies sich Ende Juni 2007 das neue russisch-italienische Pipeline-Projekt, das die von der EU seit Jahren propagierte sogenannte Nabucco-Trasse überflüssig machen könnte. Gasprom und das italienische Energieunternehmen ENI gaben gemeinsam bekannt, dass sie beabsichtigen, eine 900 Kilometer lange Pipeline, „South Stream", zu bauen, die aus dem russischen Noworossijsk durch das Schwarze Meer nach Bulgarien und dann weiter durch Ungarn nach Österreich und durch Griechenland nach Süditalien führen soll. Damit würde der EU-Plan, über Nabucco Gas aus Zentralasien durch die Türkei an Russland vorbei nach Europa zu bringen, überflüssig. Allerdings existiert das EU-Projekt bisher sowieso nur auf dem Papier. Es fehlen die Investoren, die bereit wären, Milliarden von Dollar für die Pipeline auszugeben. „Wenn Sie mich fragen, wird Nabucco nie verwirklicht", meinte Alexander Medwedew, Vize-Chef von Gasprom.

Schon kurz zuvor, auf seiner Zentralasien-Reise im Mai 2007, hatte Putin die Europäer mit weitreichenden Absprachen überrascht. So erhielt er die Zusage für den Bau einer Pipeline durch das Kaspische Meer, über die turkmenisches Gas nach Russland geliefert werden könnte. Auch dies würde Brüsseler Pläne durchkreuzen, bei der Energieversorgung von Moskau unabhängiger zu werden. Die Kontrolle über die Pipelines rund um das Kaspische Meer sind von zentraler Bedeutung für Russland, wenn es seinen Einfluss im „nahen Ausland" erhalten will.

Da die Mitgliedsstaaten der EU und deren Großkonzerne immer noch eine stark an nationalen Interessen orientierte Energiepolitik betreiben und sich gegenseitig Konkurrenz machen, fällt es der Moskauer Führung leicht, Brüssel stets aufs Neue in die Defensive zu drängen. Immer wieder gelingt es Gasprom, bilaterale Projekte mit europäischen Konzernen auf den Weg zu bringen, die eigentlich die Pläne der EU-Kommission für eine gemeinsame Energiepolitik konterkarieren.

Im historischen St. Petersburg plant die Öltochter von Gasprom einen 400 Meter hohen Wolkenkratzer, der die historische Silhouette der Altstadt von St. Petersburg überragen soll. Als „Maiskolben“ bespöttelt die Bevölkerung das ungeliebte Prestigeprojekt, das von der Mehrheit der Petersburger abgelehnt wird. (Foto: Courtesy of RMJM, © Glo)

Exkurs:
Turmbau in St. Petersburg

Das neue Wahrzeichen von Gasprom soll mitten im historischen St. Petersburg in den Himmel wachsen. Der 400 Meter hohe gläserne Wolkenkratzer von Gaspromneft, der Öltochter des Konzerns, würde nach bisheriger Planung die denkmalgeschützte Altstadt weit überragen. Dabei galt seit der Zarenzeit ein ehernes Gesetz: Kein Gebäude durfte höher sein als die ebenmäßige Silhouette am Fluss Newa.

Aber der mächtige Konzern suchte sich ein heruntergekommenes Industriegelände im Stadtteil Ochta in unmittelbarer Nähe der Altstadt. Ein internationaler Architektenwettbewerb wurde ausgeschrieben. Sechs renommierte ausländische Star-Architekten bewarben sich mit ihren Entwürfen um die neue „Gasprom-City" und den Büroturm. Der siegreiche Entwurf des Londoner Architekturbüros RMJM sieht nun den Bau eines gläsernen Turms mit 77 Stockwerken vor. Damit entstünden bis zum Jahr 2016 rund 200.000 Quadratmeter Bürofläche für das gigantische Hauptquartier der Gasprom-Tochter einschließlich eines Hotels der obersten Luxusklasse.

Die geschätzten Baukosten lägen bei zwei Milliarden Dollar, schrieben russische Zeitungen. Der Wolkenkratzer soll eine spitz zulaufende Fackel symbolisieren, die an das Gasprom-Emblem erinnert und der Beleuchtung entsprechend ihre Farbe verändert. „Gasprom-Maiskolben" sagen die Petersburger verächtlich dazu und sind ganz und gar nicht begeistert von dem Projekt. Die Vision von der „Geburtsstunde einer neuen Petersburger Mentalität", wie es Gasprom-Chef Alexej Miller ausdrückte, überzeugte nur wenige Bürger. Petersburg ist seine Heimatstadt, ebenso wie die des russischen Präsidenten Wladimir Putin.

Umfragen zeigten, dass der Großteil der Bevölkerung gegen das Prestigeprojekt ist. Die Gasprom-Führung zeigte sich vollkommen überrascht, dass sich in der Stadt ein so massiver Widerstand formierte. Zwar wurde eine Volksbefragung gegen den „Maiskolben" untersagt, aber die Proteste bewegten Stadtverwaltung und Gasprom immerhin dazu, ein wenig umzuplanen. Nun will man „Gasprom-City" stattdessen „Ochta-Center" nennen. Außerdem sollen anstelle eines reinen Bürokomplexes in Zusammenarbeit mit der Stadtverwaltung nun auch Wohnungen,

Geschäfte, Sportstätten und eine Kunsthalle entstehen. Ob das den Widerstand von empörten Bürgern und Denkmalschützern brechen wird, bleibt fraglich. Sie haben für ihre Proteste längst auch von der UNESCO Rückendeckung bekommen. Die Organisation drohte damit, St. Petersburg den Status als Weltkulturerbe abzuerkennen, sollte der Gasprom-Maiskolben tatsächlich gebaut werden.

KAPITEL 4

DEUTSCHLAND ALS DREHSCHEIBE FÜR DAS GASGESCHÄFT

Für Gasprom ist Deutschland nicht nur der wichtigste Kunde, sondern auch die Drehscheibe für das Gasgeschäft in Europa. „80 Prozent der Weltreserven bei Erdgas liegen im Umkreis von 4500 Kilometern um Berlin", charakterisiert Reinier Zwitserloot, Vorstandschef der BASF-Tochter Wintershall, die aus Sicht des Gasmarktes komfortable Lage Deutschlands.

Gasprom versorgt rund 30 europäische Länder mit seinem Gas. Vor allem die neuen EU-Länder sind als frühere Sowjetrepubliken oder Satellitenstaaten des ehemaligen Ostblocks bis heute besonders abhängig von den Moskauer Pipelines. So decken Estland und die Slowakei ihren gesamten Gasbedarf aus Russland, aber auch Polen mehr als die Hälfte. Allein nach Deutschland liefert Gasprom täglich rund 90 Millionen Kubikmeter Gas im Wert von sieben Milliarden Euro. Weil die europäischen Gasvorkommen bald erschöpft sein werden, wird die Abhängigkeit Europas von Einfuhren aus dem nicht-europäischen Ausland künftig weiter zunehmen.

In Deutschland heizt fast die Hälfte aller Haushalte mit Gas. Da Deutschland politisch bislang auf den Atomausstieg setzt, wird auch der Gasanteil an der Elektrizitätsgewinnung weiter steigen müssen. Schon heute bezieht die Bundesrepublik nach Angaben der Energieexpertin Claudia Kemfert mehr als 40 Prozent seiner Gaseinfuhren aus Russland. Da es in Deutschland bislang noch keine Anlage gibt, in der Flüssiggas (LNG) wieder in flüchtiges Gas umgewandelt werden könnte, gibt es für den deutschen Energiemarkt zum Pipeline-Gas bislang keine realistische Alternative.

Aus russischer Sicht ist Deutschland der wichtigste strategische Partner in Europa.

Die frühere DDR war energiepolitisch ohnehin von jeher eng mit Moskaus Gasindustrie verbunden. Aber auch die Wurzeln des Gasgeschäfts mit der Bundesrepublik Deutschland reichen historisch in die 1970er Jahre zurück. Bereits inmitten des Kalten Krieges kannten westdeutsche und russische Manager keine ideologischen Berührungsängste und schlossen am 1. Februar 1970 den legendären Erdgas-Röhren-Vertrag, in dessen Tradition sich auch heute noch viele deutsche Vertreter der Energiewirtschaft sehen. Auch große Teile der SPD, die vor allem in Nordrhein-Westfalen sehr eng mit der

Energiewirtschaft verbunden ist, pflegen traditionell eine besondere Beziehung zu Russland, die von viel ideologischer Blauäugigkeit gegenüber der Moskauer Interessenpolitik geprägt ist.

Der Inhalt der Abmachung war seinerzeit spektakulär: Die Sowjetunion lieferte ab dem Jahr 1973 eine halbe Milliarde Kubikmeter Erdgas jährlich an die Bundesrepublik, ab 1978 dann drei Milliarden Kubikmeter Erdgas. Im Gegenzug lieferte Mannesmann 1,2 Millionen Tonnen Großrohre an die UdSSR, die damit ihre Gaspipelines ausbaute. Die großen deutschen Banken gewährten der Sowjetunion einen zinsgünstigen Kredit über 1,2 Milliarden Deutsche Mark, der dieses Großprojekt überhaupt erst ermöglichte. Das Geschäft war so etwas wie das wirtschaftliche Pendant zur Ostpolitik Willy Brandts, die sich dem Motto „Wandel durch Annäherung" verschrieben hatte.

Doch es hagelte von allen Seiten Kritik an dem Handel. Die Nato-Partner fürchteten eine zu starke Annäherung Deutschlands an den damaligen Ostblock. Die Opposition beschwor die Gefahr zu großer Abhängigkeit von sowjetischen Energielieferungen.

Das ist längst Geschichte. Zwanzig Jahre lang brachte Russland das Gas bis an die Grenze der Bundesrepublik und deutsche Energiekonzerne belieferten damit den deutschen Gasmarkt. Nach der deutschen Wiedervereinigung gründeten Gasprom und der deutsche Konzern BASF/Wintershall die gemeinsame Tochter Wingas, die seitdem russisches Erdgas in Deutschland verkauft und den Russen so einen direkten Zugang zum deutschen Markt eröffnet hat. Seit die russische Seite ihren Anteil am gemeinsamen Unternehmen auf 50 Prozent aufgestockt hat, beteiligt sie Wintershall mit 35 Prozent an der Erschließung des sibirischen Gasfeldes Juschno-Russkoje, das östlich von Nowy Urengoi liegt. Ein Geschäft auf Gegenseitigkeit, das von Präsident Putin wiederholt als vorbildlich gelobt wurde.

Eng verzahnt ist Gasprom auch mit dem größten deutschen Gasversorgungsunternehmen EON-Ruhrgas, das als einziges ausländisches Unternehmen mit 6,4 Prozent am russischen Energieriesen beteiligt ist. Seit mehr als fünf Jahren sitzt der Chef von EON-Ruhrgas, Burckhard Bergmann, als einziger Ausländer im Aufsichtsrat von Gasprom und gewinnt ungewöhnliche Einblicke in das Innenleben des Firmenimperiums. Mit öffentlichen Äußerungen über seine Erfahrungen hält sich der 64-jährige Top-Manager jedoch zurück. Im Frühjahr 2007 erzählte der „Geheimnisträger der Sonderklasse“ dem *Spiegel* in einem seiner seltenen Interviews ein wenig von kontroversen und lebhaften Sitzungen im Gasprom-Aufsichtsrat. Einmal im Monat ist Bergmann in Moskau und trifft mit den anderen zehn Aufsichtsratsmitgliedern zusammen. Getagt werde in der Regel in der Gasprom-Zentrale, so Bergmann, aber hin und wieder auch im Kreml. Seit November 2006 ist der Kenner des Gasgeschäfts zudem Honorarkonsul Russlands für Nordrhein-Westfalen.

Immer wieder gab es Presseberichte, Gasprom wolle sich in deutsche Stadtwerke einkaufen oder sich an deutschen Energiekonzernen wie RWE beteiligen. Aber solche Pläne hat der Konzern zunächst auf Eis gelegt, wie Hans-Joachim Gornig, Chef der deutschen Tochtergesellschaft „Gazprom Germania" im Frühjahr 2007 bekanntgab. „Unser Interesse, in Deutschland zu investieren, ist im Augenblick außerordentlich begrenzt", sagte Gornig in Berlin. Der Grund seien die Pläne der EU im Zuge der Liberalisierungspolitik, den Energiekonzernen in Zukunft das Leitungsnetz abzunehmen. „Wir haben laufend Angebote von Stadtwerken, die möchten, dass wir uns mit ihnen beschäftigen. Solange nicht klar ist, was die Politik will, steht das für uns nicht auf der Tagesordnung", sagte Gornig.

Die deutsche Tochterfirma „Gazprom Germania" hat ihren Firmensitz mitten im Herzen Berlins in der Markgrafenstraße. (Foto: Archiv Gazprom Germania)

Mit Gornig und seiner „Gazprom Germania“ hat der Moskauer Konzern längst ein deutsches Gesicht bekommen. Die deutsche Filiale mit ihren rund 90 Mitarbeitern residiert schon seit Jahren mitten im Herzen Berlins in der Markgrafenstraße, unweit des Springer-Hauses. Aber „Gazprom Germania“ tritt erst seit kurzem unter dem Namen des Mutterhauses offensiv auf. Nach Einschätzung des deutschen Gasexperten Heiko Lohmann will die Firma damit als in Westeuropa tätiger „Global Player“ stärker Flagge zeigen. „Sie werden als Handelspartner und Teil der westlichen Gas-Community mehr und mehr akzeptiert“, sagt Lohmann, „das ist ganz klar als Unternehmensstrategie erkennbar.“ Seit 2003 lädt die deutsche Tochtergesellschaft in Berlin einmal im Jahr zur Bilanzpressekonferenz und ist in der deutschen Gas-Szene durch Verbandsmitgliedschaften und die Beteiligung an Wirtschaftsforen zum festen Faktor geworden.

Der 64-jährige Gornig war in der DDR Regierungsbeauftragter für den Erdgasleitungsbau in der Sowjetunion, und wer mit „Gazprom Germania“ zu tun hat, gewinnt sofort den Eindruck, dass die Firma nicht nur bis heute „ostlastig“, sondern auch von alten Seilschaften der DDR-Energiewirtschaft geprägt ist. Dass sich hier Gas-Fachleute zusammengefunden haben und auch nach dem Untergang des früheren Systems alte Freundschaften nach Russland pflegen, ist offensichtlich. Dass darüber hinaus der KGB-Mann Putin einigen seiner alten Stasi-Freunde auf diesem Wege zu neuen, attraktiven

Jobs verholfen hat, halten Russland-Experten für sehr wahrscheinlich. „Gasprom hat jahrzehntelang die DDR beliefert. Aus dieser Zeit gibt es enge Verbindungen, die sich bis heute fortsetzen. Putin will die Leute nicht im Regen stehenlassen, die jahrelang für die Sowjetunion von Nutzen waren und hat ihnen Jobs beschafft“, sagt der ausgewiesene Russlandkenner Alexander Rahr. So soll der Direktor für Finanzen und Controlling bei „Gazprom Germania“, Felix Strehober, vor der Wende Stasi-Mitarbeiter gewesen und im Bereich „Kommerzielle Koordinierung“ (Koko) für die Devisenbeschaffung der DDR-Wirtschaft zuständig gewesen sein. Westliches Pendant zum Seniorchef Gornig ist der Manager Claus Bergschneider.

„‚Gazprom Germania‘ versteht sich als deutsches Unternehmen mit russischem Hintergrund“, erläutert Pressesprecher Andreas Böldt das Selbstverständnis der Firma. „Leute, die uns kennen, nehmen uns anders wahr, als Leute, die uns nicht kennen.“ Die Banken stünden heute bei „Gazprom Germania“ Schlange, weil sie wüssten, dass es ein solides Unternehmen sei.

Im Kontakt mit Journalisten gibt sich die Firma aber nur sehr begrenzt kooperativ, sondern schottet sich eher ab. Es besteht wenig Interesse, mehr Licht in die wenig durchschaubare Arbeitsteilung zwischen der Moskauer Zentrale und ihrer Berliner Tochterfirma zu bringen. So berichtet Böldt lieber über die vielfältige Sponsorentätigkeit des Unternehmens, vor allem für den FC Schalke 04, aber auch für Ausstellungen russischer Maler in

Deutschland oder Gastspiele des Bolschoi-Balletts. Die Firma hat für die Thüringen-Oberschule im Berliner Problembezirk Marzahn-Hellersdorf, wo viele Aussiedler wohnen, ebenso eine Patenschaft übernommen, wie für das Berliner Herdergymnasium, wo der Russischunterricht besonders gefördert wird. Auch Mittlerorganisationen wie das Deutsch-Russische Forum arbeiten schon seit längerem mit „Gazprom Germania" zusammen.

Trotz solcher Anstrengungen zeigt sich Gornig mit dem Ruf seiner Firma nicht zufrieden. „Das Image ist nicht so, wie wir es wünschen", bekannte er in einem Interview. Auf die Frage, wie es denn ausfallen soll, antwortete er: „Wir sind ein zuverlässiger, sicherer Energieversorger, der etwas für seine Kunden tut. Wir würden uns freuen, wenn wir auch so gesehen werden."

Zum guten Ruf beitragen sollte im Herbst 2005 vor allem das Engagement des gerade abgewählten Bundeskanzlers Gerhard Schröder für das Vorzeigeprojekt deutsch-russischer Energiepartnerschaft: die Ostsee-Pipeline, die laut Planung 2010 in Betrieb gehen soll.

Aus Moskauer Sicht wird die 1200 Kilometer lange Gasleitung die bereits seit den 1990er Jahren andauernden Probleme mit der Ukraine als Transitland lösen. Auch die rot-grüne Bundesregierung unter Bundeskanzler Gerhard Schröder hatte das Projekt zu ihrem Anliegen gemacht, um Deutschland durch diesen zusätzlichen, direkten Transportweg eine größere Versorgungssicherheit zu garantieren.

Außenpolitisch entpuppte sich das Großprojekt mit Baukosten von fünf Milliarden Euro von Anfang an als heikel. Vor allem in Polen, das ebenso wie die Ukraine und Weißrussland als Transitland umgangen werden soll, weckte die Ostsee-Pipeline alte Ängste vor dem Zusammenspiel der beiden mächtigen Nachbarn. In überspitzter Anspielung auf den Hitler-Stalin-Pakt, der 1939 zur Teilung Polens führte, bezeichnete das polnische Wochenmagazin *Wprost* den deutsch-russischen Vertragsabschluss als „Schröder-Putin-Pakt“.

Zudem schien der bilaterale Vertrag zwischen Deutschland und Russland nicht mehr in die Zeit engerer Abstimmung und Kooperation zwischen den EU-Staaten zu passen, weil er die andersgearteten Interessen anderer Mitgliedsländer völlig außer Acht ließ. Nachbesserungen, wie das wiederholte Angebot der Merkel-Regierung, Polen durch Zuleitungen aus Deutschland mitzuversorgen, fanden in Warschau jedoch bislang kein positives Echo.

Nach langen Verhandlungen unterschrieben die beteiligten Unternehmen Gasprom, EON-Ruhrgas und Wintershall in Berlin am 8. September 2005 eine Absichtserklärung zum Bau einer Erdgaspipeline durch die Ostsee. Bundeskanzler Schröder und Präsident Putin wohnten dem Festakt bei. Mehrheitseigner ist Gasprom mit 51 Prozent, die deutschen Konzerne sind mit jeweils 24,5 Prozent beteiligt. Drei Monate später begannen in Babajewo mit einem Festakt die Bauarbeiten für den russischen Landabschnitt.

In der Nähe der russischen Stadt Wyborg in der Portowaja-Bucht soll die 1200 Kilometer lange Unterwasser-Pipeline dann in die Ostsee eintauchen und bis nach Greifswald an die deutsche Küste führen. Dort wird die Pipeline auf das deutsche Leitungsnetz stoßen, von wo Erdgas bis nach Großbritannien weitertransportiert werden soll. Abzweigungen nach Kaliningrad, Finnland und Schweden sind ebenfalls geplant. Die Leitung könnte nach ihrer Fertigstellung jährlich rund 55 Milliarden Kubikmeter Gas befördern, was etwa der Hälfte des deutschen Jahresbedarfs entspricht. Schon im Dezember 2000 hatte die EU dem Großprojekt den Status eines „Trans-European Network"-Projektes verliehen. Brüssel ist daran interessiert, eine Vielfalt von Versorgungswegen zu realisieren.

Wie sinnvoll das Projekt ist, bleibt umstritten. Kritiker halten die Pipeline durch die Ostsee für überteuert und hätten alternativ eine zusätzliche Landleitung durch Polen befürwortet. Der deutsche Verbraucher werde nun mit seiner Gasrechnung die außenpolitischen Interessen Russlands mitfinanzieren, lautet ihr Vorwurf. Andere Stimmen, vor allem aus der Industrie halten dem entgegen, dass die neue Pipeline für Deutschlands Gasversorgung einige Vorteile gegenüber anderen Kunden bringe, sollte das Gas einmal knapp werden oder ein neuer Streit Moskaus mit der Ukraine ins Haus stehen. Umweltschützer fürchten ökologische Auswirkungen für die Ostsee.

Zum Skandal geriet das Großprojekt aber vor allem durch die Rolle Gerhard Schröders. Er hatte sich als Bundeskanzler dafür stark gemacht und noch im September 2005, zehn Tage vor der verlorenen Bundestagswahl, für den Vertragsabschluss Pate gestanden. Als bei der Feierstunde in Babajewo Gasprom-Chef Alexej Miller überraschend bekannt gab, dass er Schröder für den Aufsichtsrat der neu geschaffenen Pipeline-Gesellschaft „Nordstream" gewonnen habe, brach in Deutschland ein Sturm der Entrüstung los. Für ein Jahresgehalt von 250.000 Euro sollte der Bundeskanzler a. D. den Deutschen und den Anrainerstaaten der Ostsee die neue Pipeline nahebringen.

Während die SPD-Spitze zunächst versuchte, die Bedeutung dieser Berufung herunterzuspielen, hagelte es im In- und Ausland Kritik. In Berlin hatte es schon seit Monaten Gerüchte gegeben, der enge Putin-Freund Schröder werde nach einer verlorenen Bundestagswahl Gasprom zu Diensten stehen. Dass der frühere Stasi-Offizier und enge Putin-Freund, Matthias Warning, als Nordstream-Geschäftsführer mit Schröder zusammenarbeiten sollte, machte die Sache noch schlimmer. Warning war früher als Industriespion für die DDR in Düsseldorf tätig gewesen, wo er westdeutsche Unternehmen und Banken bespitzelt hatte. Später arbeitete er für die Dresdner Bank und Anfang der 1990er Jahre baute er deren Vertretung in St. Petersburg auf. Aus dieser Zeit datiert seine enge Beziehung zu Putin.

„Schröders neuer Job enthält alles, was Sozialdemokraten erschauern lässt", schreibt der Moskau-Korrespondent der Zeitschrift *Focus*, Boris Reitschuster,

„einen Spitzenjob in Russlands staatsmonopolistischem Kapitalismus, eine Zusammenarbeit mit einem früheren Stasi-Offizier, einen Firmensitz in einer Steueroase in der Schweiz und die Aussicht auf fürstliche Bezüge."

In seinen Memoiren hält Schröder solchen Vorwürfen entgegen, er habe das Projekt nur unterstützt, um die Interessen Deutschlands und Europas zu wahren. „Eigentlich sollte es für die deutsche Öffentlichkeit mittlerweile ein ebenso normaler Vorgang sein, für ein deutsch-russisches Projekt zu wirken, wie für ein deutsch-französisches oder deutsch-amerikanisches", schreibt Schröder in seinem Buch *Entscheidungen*. „Das Gegenteil war der Fall. Die sich aus meiner Entscheidung entwickelnde öffentliche Debatte übertraf alles, was ich mir an düsteren Visionen hatte ausmalen können. Entsetzt war ich vor allem über die Unterstellungen, mit denen ich mich konfrontiert sah. Spekulationen über eine angeblich interessengeleitete Unterstützung des Pipeline-Projektes während meiner Regierungszeit sind in der Sache falsch und außerdem ehrenrührig." Der Energiehunger in Europa sei ohne den Rohstoffreichtum Russlands nicht zu stillen, begründete Schröder sein Engagement.

Da die Widerstände gegen die Ostsee-Pipeline größer sind, als von den Betreibern erwartet, könnte sich der Zeitplan für den Bau weiter verzögern. Vor allem in den Anrainerstaaten der Ostsee, Finnland und Schweden, stößt der Streckenverlauf wegen der ökologischen Risiken auf große Skepsis. Alternativrouten sind bereits im Gespräch. Gasexperten wie der Brite Jonathan Stern rechnen bereits mit einer Verschiebung um ein oder zwei Jahre.

Die Berufung Schröders ist ein weiteres Beispiel für die Fehleinschätzung westlicher Reaktionen auf Seiten von Gasprom. Inzwischen ist sogar zu fragen, ob sich der Einsatz des Ex-Bundeskanzlers für das Pipeline-Projekt nicht als schädlich erweist. *Focus*-Korrespondent Reitschuster hat das in seinem Buch *Putins Demokratur* schon früh angemerkt: „Hatte der Kreml in Schröder zuvor einen geachteten Ex-Staatsmann als Sympathieträger und Fürsprecher im Westen, so steht heute Schröder als Gasprom-Mann weit weniger ehrenhaft da." Seit er in Berlin, Brüssel und in den Ostsee-Staaten ständige Lobbyarbeit für Putin, Russland und Gasprom leistet, hat Schröder an Glaubwürdigkeit noch mehr eingebüßt.

Als der deutsche Ex-Kanzler die Balten im Frühsommer 2007 während des heftigen Streits zwischen Estland und Russland um die Versetzung eines Sowjetdenkmals öffentlich kritisierte, reagierte der estnische Regierungschef Andrus Ansip sofort und sagte ein geplantes Treffen ab. Bei dem Termin Anfang Mai hatte es eigentlich um die Verlagerung der Ostsee-Pipeline gehen sollen. Gasprom möchte einen Teil der Leitung über flacheren Meeresboden in estnischen Hoheitsgewässern verlegen und nicht, wie anfangs geplant, durch finnische Hoheitsgewässer. Die estnische Regierung begründete ihre plötzliche Absage mit Schröders Kritik am Vorgehen Estlands. Schröder hatte gesagt: „Es ist stil- und pietätlos, wie in Estland mit dem Gedenken an junge russische Soldaten umgegangen wird, die ihr Leben im Kampf gegen den Faschismus verloren haben", und damit bei einer öffentlichen Veranstaltung einseitig Partei für Moskaus Position ergriffen. Nun blieben ihm die Türen in Tallinn erst mal verschlossen. „Schröder hat angefangen als Lobbyist deutscher Konzerne und endet nun als Kreml-Lobbyist", lautet das Urteil der in Berlin lebenden russischen Publizistin Sonja Margolina über Schröders neue Aufgabe.

Mit einer spektakulären Bühnenshow wurde beim Freundschaftsspiel zwischen Schalke 04 und Zenit St. Petersburg eine neue Ära für den Traditionsverein eingeleitet. Gasprom erhofft sich von dem Sponsorenvertrag mit Schalke 04 ein besseres Image für den russischen Energieriesen in Deutschland. (Foto: Archiv Gazprom Germania)

Exkurs: Blaue Flamme auf Schalke

In Gelsenkirchen ist Gasprom heute schon längst eine ganz normale Firma. Auch die Schalke-Fans haben sich schnell an den neuen Sponsor aus Russland gewöhnt. Dabei war die Aufregung zunächst groß, als Ende 2006 bekannt wurde, dass der Traditionsverein aus dem Revier einen Sponsorenvertrag mit dem umstrittenen Gaskonzern schließt. Noch niemals war ein Werbedeal im Fußball so heiß diskutiert worden.

Der Bestseller-Autor und Mafia-Experte Jürgen Roth warnte in zahlreichen Interviews, der Handel sei eine billig erkaufte PR-Maßnahme mit zweifelhaftem Ruf. „Was Schalke macht, ist wie Sex ohne Kondom: Es macht Spaß, weil es gutes Geld bringt, aber es birgt das große Risiko, dass sich politische und wirtschaftliche Interessen des Kreml im Klub festsetzen und wie ein heimtückischer Virus ausbreiten", sagte Roth damals dem *11 Freunde – Magazin für Fußballkultur*. Bereits bei der Unterstützung von Gasprom für Zenit St. Petersburg seit Herbst 2003 habe sich gezeigt, dass die Verbindungen von Kreml und Gasprom zu mafiösen Strukturen im Fußball führten. „Möglicherweise ist Zenit schon den Weg gegangen, der Schalke 04 nun bevorsteht“, prophezeite Roth. Ein Verein, der noch ansatzweise rechtsstaatliche und demokratische Werte verfolge, müsse eine solche Offerte kategorisch ablehnen und Gasprom vor die Tür setzen. Auch der grüne Europa-Abgeordnete Daniel Cohn-Bendit meldete sich mahnend zu Wort: „Es ist ein subtiler Kampf um unser Unterbewusstsein“, sagte er in einem Zeitungsinterview. „Wenn Gasprom erst mal Deutscher Meister ist, dann hat man nicht mehr das Gefühl einer fremden Macht. Dann ist es etwas, was uns täglich begegnet wie Commerzbank oder Telekom – und dann stört es eben auch nicht mehr, wenn wir völlig abhängig von Gasprom sind.“

Es war kein Zufall, dass Gasprom und Schalke 04 zueinander fanden. Zum einen soll der frühere Bundeskanzler Gerhard Schröder, eigentlich ein Fan des Schalker Erzrivalen Borussia Dortmund, den Kontakt angebahnt haben, sodass der Fleischfabrikant und Schalker Aufsichtsratsvorsitzende Clemens Tönnies einen Termin bei Gasprom bekam. Zum anderen gilt das Ruhrgebiet auch in Moskau als Zentrum der sozialdemokratischen Verbindungen zur Energiewirtschaft. Schließlich gehört Gasproms langjähriger Partner EON-Ruhrgas ebenso wie verschiedene Stadtwerke und regionale Versorger zu den langjährigen Unterstützern von Schalke.

„Schalke hat anderen Wettbewerbern gegenüber eine ganze Reihe von Vorzügen", lobte Hans-Joachim Gornig, Chef der deutschen Tochter „Gazprom Germania". „Schalke prägt die Tradition der Energieerzeugung, der Steinkohle, der Bergleute. Gasprom macht unter den Bedingungen des 21. Jahrhunderts genau dasselbe: Wir erzeugen Wärme." Und tatsächlich erinnert die vergangene Bergbau-Tradition des Ruhrgebiets stark an die Mentalität der „Gasowiki" im fernen Sibirien. So schmückt die Trikots der Königsblauen inzwischen ganz selbstverständlich der neue weiße „Gazprom"-Schriftzug.

KAPITEL 5

HERAUSFORDERUNGEN FÜR DIE ZUKUNFT DES ENERGIERIESEN

Vor den anstehenden Wahlen in Russland hat Präsident Putin wenig Interesse an großen Veränderungen bei Gasprom. Weitreichende Umbesetzungen an der Spitze des Konzerns kämen dem Kreml-Chef angesichts des Machtkampfes um seine Nachfolge ungelegen, zumal das Firmenimperium an der Finanzierung der Wahlkämpfe für die Duma-Wahlen im Dezember 2007 und die Präsidentenwahlen im März 2008 seinen Anteil hat. Allerdings leidet Gasprom-Chef Miller an einem schweren Nierenleiden, das zu dessen verfrühter Abberufung führen könnte. Die russische Wirtschaftszeitung *Wedomosti* schrieb Ende September 2007, der bisherige Aufsichtsratsvorsitzende Medwedew könnte Miller bald ablösen. Der wirtschaftsliberale Politiker wäre aber nach Einschätzung des britischen Gasexperten Stern nur eine

Übergangsfigur bis zur eigentlichen Neubesetzung nach den Präsidentenwahlen.

Auch die niedrigen Gaspreise für Industrie und Haushalte werden zunächst nur leicht steigen, um das sozialpolitische Klima in Russland nicht plötzlich anzuheizen. Allerdings dürfte es nur eine Frage der Zeit sein, bis ein neuer Machthaber im Kreml eine Wende in der Unternehmenspolitik einleiten muss. Denn trotz vieler außenpolitischer Erfolge im Pipeline-Poker sind auch die Probleme der „Gasölmedienbank-Kolchose", wie Spötter das weitverzweigte Firmenimperium des Kreml nennen, gigantisch. Nach Ansicht von Kritikern ist der Konzern ungeachtet vieler Fortschritte unverändert marode und ein „sowjetisches Fossil" mit zu vielen Geschäftsbereichen. Auch der Schuldenberg ist trotz der enormen Gewinne beträchtlich geblieben.

Die Vorräte auf den alten Gasfeldern in Westsibirien gehen in absehbarer Zeit zur Neige, und zur Erschließung neuer Fördergebiete werden riesige Investitionen erforderlich sein. Experten erwarten schon ab 2008 einen deutlichen Rückgang der Fördermenge. Wladimir Milow, Präsident des Instituts für Energiepolitik in Moskau und früherer stellvertretender Energieminister Russlands, warnt, Gasprom könne die Rückstände wegen der verbreiteten Misswirtschaft nicht mehr angemessen ausgleichen. Milow gehört zu Gasproms schärfsten Kritikern. Er spricht von einer „Ressourcenkrise" im Gassektor und weist darauf hin, dass die Produktion zur Neige gehe, die Infrastruktur verfalle und Gasprom die Kosten nicht im Griff habe. Auch die Internationale Energiebehörde rechnet in absehbarer Zeit mit einer Versorgungskrise bei russischem Gas.

Drei Viertel der Pipelines sollen verschlissen sein. Russland müsste in den kommenden Jahren Milliarden von Dollar investieren, um seine Förderanlagen und Leitungsnetze zu modernisieren. Schon jetzt werden nach Schätzungen von Fachleuten mehr als 50 Milliarden Kubikmeter Gas durch unsachgemäßes Abfackeln vergeudet oder gehen anders verloren, schätzen Fachleute. Nur vereinzelt gibt es moderne Vorzeigeprojekte, wie die 550 Millionen Dollar teure Gasaufbereitungsanlage in Pezowoje, 150 Kilometer entfernt von der westsibirischen Gashauptstadt Nowy Urengoi.

Bis zum Jahr 2012 benötigt Gasprom nach Einschätzung von Experten mehr als 120 Milliarden Dollar, um neue Gasfelder zu erschließen. Die Osteuropabank rechnet mit einem Investitionsbedarf von 200 Milliarden Dollar im russischen Energiesektor bis 2020. Das enorme Ausmaß der künftig benötigten Investitionen gilt nach Einschätzung des Energieexperten und Russlandkenners Roland Götz von der Stiftung Wissenschaft und Politik in Berlin schon längst als großer Risikofaktor für die Energiesicherheit. Bereits jetzt sei in der Russischen Föderation eine große Investitionslücke im Gassektor absehbar.

Strittig ist, inwieweit Gasprom diesen enormen Investitionsbedarf selbst decken kann. Der britische Gasexperte Jonathan Stern glaubt nicht, dass Russland tatsächlich ausländische Investoren zur Erschließung seiner Gasvorräte benötigt. „Es gibt einen Unterschied zwischen dem, was die Russen denken, was sie brauchen, und dem, was Leute von außen denken, was sie brauchen", sagt er. Obwohl es für ausländische Firmen zunehmend schwieriger geworden ist, im russischen Gasgeschäft mitzumischen, fehlt es angesichts der gigantischen Profitmöglichkeiten keineswegs an Interesse. Aber anders als während der Wirtschaftskrise in den 1990er Jahren diktiert Russland heute wieder selbst die Spielregeln. „Sie haben den Westen nicht gebraucht, als sie arm waren, warum sollten sie ihn jetzt brauchen, wo sie reich sind", sagt Stern. Andere Fachleute meinen, ohne die Expertise und das Geld aus dem Ausland seien die enormen Anstrengungen zur Erschließung neuer Fördergebiete gar nicht möglich.

Zweifel an einer vernünftigen Unternehmenspolitik für die Zukunft sind schon deshalb angebracht, weil diese Politik zu stark den politischen Vorgaben aus dem Kreml folgt. Da der Staat vor allem mit dem Gasexport viel Geld verdient, besteht die Gefahr einer zu kurzfristigen Unternehmensplanung, die stärker auf Profite setzt statt auf eine nachhaltige Weiterentwicklung der russischen Gasindustrie und deren Infrastruktur.

Von entscheidender Bedeutung ist in diesem Zusammenhang die Frage, wie sich der russische Inlandspreis für Gas zukünftig entwickeln wird. Bis 2010 müsste er schon aufgrund des angestrebten Moskauer WTO-

Beitritts an die europäischen Exportpreise angepasst werden.

Bislang wurden die Energiepreise im Inland künstlich niedrig gehalten, um der eigenen Industrie einen Wettbewerbsvorteil auf dem Weltmarkt zu verschaffen und die privaten Haushalte aus sozialpolitischen Erwägungen heraus zu entlasten. Der Föderale Dienst für Tarife legt bislang die Inlandspreise für Gas und Strom fest, die heute nur etwa ein Fünftel des Exportpreises ausmachen. So erzielt Gasprom derzeit im Inland für 1000 Kubikmeter Gas einen Preis von rund 40 Euro, während der Konzern beim Export an der gleichen Menge rund 220 Euro verdient.

Gas und Strom waren für private Abnehmer lange sehr preisgünstig. Nur so ist zu erklären, dass bis heute in Russland die Wohnungstemperatur vor allem dadurch geregelt wird, dass man je nach Bedarf die Fenster öffnet oder geschlossen hält. Thermostate an den Zentralheizungen gibt es nicht, Investitionen in moderne Heizungsanlagen oder Steuerungstechnik lohnen sich nicht.

Die russische Regierung beabsichtigt nun, in den kommenden Jahren den Gaspreis auch im Inland schrittweise zu erhöhen.

Ermutigend ist dabei das Beispiel des Nachbarlandes Ukraine, wo nach dem Gas-Konflikt die angekündigte Katastrophe trotz eines erheblichen Anstiegs der Gaspreise ausblieb. Stattdessen zeigte sich, dass über den Preis ein überfälliger Anreiz für Energie-Einsparungen geschaffen wurde, berichtet die Ukraine-Spezialistin Elvira Lutter von der Österreichischen Energieagentur, die eng mit Kiew zusammenarbeitet. Da die Fernwärmebetreiber nun wüssten, dass die Preise auch in der Ukraine bis 2016 auf europäisches Niveau anstiegen, investierten sie erstmals in Wärmezähler und Thermostate. „Durch den Preisanstieg wurde Druck auf die Energieeffizienz ausgelöst", sagt Lutter. Auch die Förderung alternativer Energieformen wie Bio- oder Methangas werde plötzlich attraktiv.

Auch in Russland ist ein solcher Schritt längst überfällig, denn das riesige Land ist der drittgrößte Energiekonsument weltweit. Es wird prognostiziert, dass der Wirtschaftsboom des Landes dazu führen wird, dass der Energieverbrauch bis 2020 sogar noch um ein Fünftel zunehmen wird. Erst langsam setzt sich die Einsicht durch, dass angesichts der weltweit immer knapper werdenden Rohstoffe der gigantischen Verschwendung von Gas und Strom endlich Einhalt geboten werden muss. Industrieminister Wiktor Christenko rechnete vor, dass Russland 40 Prozent seines Energieverbrauchs einsparen könnte. Es sei klüger, die eingesparte Energie auf dem Weltmarkt zu verkaufen, statt sie zu vergeuden, sagte er.

Anders als die USA hat Russland im Herbst 2004 das Kyoto-Protokoll ratifiziert. Ein wichtiges Signal, denn die russische Wirtschaft zählt zu den energie- und CO_2-intensivsten Staaten der Welt. Dies liegt zum einen daran, dass sie noch wie zu Sowjetzeiten vor allem von der

Schwerindustrie dominiert wird. Auch fehlte es bislang an wirtschaftlichen Anreizen, um Energie einzusparen. Dank der enormen Gas- und Erdölvorkommen wurden alternative Energien wie Windkraft, Solartechnik, Biomasse oder Geothermie völlig vernachlässigt. Da Gasprom über den freien Zugang zu staatlichen Rohstoffen verfügt, hat der Konzern bislang wenig Interesse an Energieeffizienz gezeigt, und vor allem von den hohen Erlösen durch die Ausbeutung der Rohstoffe profitiert. Deshalb glauben Energieexperten und Umweltaktivisten, dass es in der Konzernzentrale allein über die Preisschraube zu einem langsamen Umdenken kommen könne.

Ein Bohrturm in den Weiten Sibiriens, nördlich von Nowy Urengoi. Von hier kommt das Gas bis nach Europa. (Foto: Hans-Jürgen Burkard)

Welche Auswirkungen der Klimawandel auf die Unternehmensentwicklung von Gasprom und die russische Energiewirtschaft haben könnte, wird von Experten sehr unterschiedlich beurteilt. Da die Prognosen völlig ungesichert sind, lässt sich nur eingeschränkt voraussagen, wie die Permafrostböden weiter auftauen werden. Der Permafrostboden in Sibirien ist ein ständig gefrorener Boden, dessen oberste Schicht nur in den Frühjahrs- und Sommermonaten einige Zentimeter bis zu einem Meter tief auftaut und dann schnell wieder zufriert.

Einerseits könnte die globale Erwärmung dazu führen, dass diese Böden in Sibirien auftauen und sich der Zugang zu bislang nicht erreichbaren gigantischen Vorräten an Erdgas und Eröl eröffnet. Denn schon seit Jahren steigt die Temperatur an der Erdoberfläche auch in Russland. Zwischen 1990 und 2000 ist sie um 0,4 Grad Celsius gestiegen – im Vergleich zu einer Zunahme um ein Grad in den einhundert Jahren davor. Russische Experten rechnen mit einem weiteren Anstieg bis 2030. Dadurch taut der Permafrostboden im Sommer immer tiefer auf, die Tauperiode beginnt früher und endet später.

Einige Szenarien gehen davon aus, dass durch diese Erwärmung riesige Erdgasvorkommen in der russischen Arktis erreichbar werden, die bislang für die Förderung völlig unzugänglich sind. Was für Umweltschützer ein Alptraum wäre, stellt sich für Gasprom-Manager als optimistisches Zukunftsbild dar, denn schon die Ressourcen in der russischen Arktis gelten als die größten außerhalb der OPEC.

Andererseits könnte die Erschließung neuer Fördergebiete sich auch viel schwieriger gestalten, schreibt der Berliner Energieexperte Roland Götz. Wenn Gebäude, Verkehrswege und industrielle Anlagen nicht auf ausreichenden Fundamenten stünden, würde durch das Aufweichen des Bodens deren Stabilität gefährdet. Die mit hohem Druck betriebenen Öl- und Gaspipelines könnten dadurch beschädigt werden. Häufigere Reparaturen würden dann ebenso notwendig wie ein viel höherer Kapitaleinsatz, um die Förderung von Gas und Öl fortzusetzen und auszubauen.

So stehen Russland und sein größter Konzern an einem Scheideweg. Ob die Kraft von Gasprom tatsächlich ausreicht, Russland bis zum Jahr 2020 zur fünften Wirtschaftsmacht der Welt zu machen, wie Verteidigungsminister Sergej Iwanow es auf dem Petersburger Wirtschaftsgipfel im Sommer 2007 ankündigte, darf angesichts der riesigen Herausforderungen bezweifelt werden.

Allein auf der Basis hoher Energiepreise und der Ausbeutung seiner Rohstoffe wird sich Russland nicht wirklich entwickeln können. Dafür wäre eine umfassende Modernisierung des Landes nötig, dessen Infrastruktur bislang nur in der glitzernden Hauptstadt Moskau und vereinzelten Regionen im 21. Jahrhundert angekommen ist. Ganz gleich, wer im Jahr 2008 die Macht im Kreml und damit auch bei Gasprom übernimmt, er wird die Verantwortung dafür tragen, die richtigen Weichen für die Zukunft zu stellen.

GLOSSAR

EON-Ruhrgas – Größter Gaskonzern Deutschlands mit Sitz in Essen, Tochtergesellschaft von EON.

Gasprom – Russische Abkürzung für „Gasindustrie". Die Autorin hat sich für die deutsche Umschrift entschieden, die dem deutschen Leser die Aussprache erleichtert. Die deutsche Tochtergesellschaft nennt sich „Gazprom Germania" und folgt damit der englischen Schreibweise sowie der wissenschaftlichen Transliteration. An der Börse wurde der Konzern ebenfalls mit der englischen Schreibweise notiert. Auch auf den Schalke-Trikots steht als Sponsorenname „Gazprom".

Jukos – Großer Konzern zur Erdölförderung von Michail Chodorkowski, der weltweit zu den führenden Privatunternehmen zählte. Nach der Verhaftung von Chodorkowski von einem Moskauer Gericht im August 2006 für bankrott erklärt.

Liquefied Natural Gas (LNG) – Erdgas kann unter Druck und niedrigen Temperaturen in Flüssiggas verwandelt werden. Dies macht einen Transport per Schiff als Alternative zu Pipelines möglich.

Nabucco-Pipeline-Projekt – Geplante Erdgaspipeline von der Türkei bis nach Österreich, welche die EU mit den kaspischen und den iranischen Erdgaskommen verbinden und die europäische Abhängigkeit von Russland mindern soll.

Nomenklatura – Die privilegierte Klasse der Führungskader in der früheren Sowjetunion.

Oligarchen – Russische Geschäftsleute, die in der chaotischen Zeit nach dem Ende der Sowjetunion oft durch unlautere Mittel zu großem Reichtum und politischer Macht gelangten.

South Stream – Pipeline-Projekt des italienischen Energieunternehmens ENI und Gasprom zwischen Europa und Russland durch das Schwarze Meer bis nach Bulgarien. Von dort sollen zwei Leitungen weiterführen, eine nach Österreich und die andere über Griechenland bis nach Süditalien. Konkurrenz zum Nabucco-Projekt.

Unabhängige Gasgesellschaften – Im russischen Kontext gilt diese Bezeichnung für jede Organisation, die Gas fördert oder liefert und nicht zu einhundert Prozent Gasprom gehört. Der Konzern ist häufig an diesen Gesellschaften beteiligt.